21世紀の人権

21世紀の人権

初川　満編

信山社

序として

法律は、まさにこの複雑な社会の安定性を維持するためのいわばルールとして、位置づけることができよう。しかし、「社会の安定」は、弱者の沈黙によって成り立つものであっても、将また犠牲の上に成り立つものであってもならない。

言うまでもなく、人権の保障については、既存の法律の解釈・運用により実現すべく努力することを、法治国家たる我が国においてはまず考えるべきである。とはいえ、国際人権法を専門とする者として、与えられた法律の枠の中での解決を宿命づけられる国内人権法による人権の法的保護の、いわば限界というものに、しばしば歯嚙みする思いを抱いてきたことも事実である。そこで、本書においては、国内法の限界を踏まえつつ、二一世紀における我が国の人権保障の在り方を、国際社会の視点から、立法論も包含しつつ見直してみたいと考えている。

各執筆者は、各自が専門とする領域において、既存の法律の枠に囚われることなく、国際社会の一員としての日本を意識しての提言を行っている。

民主主義を守ることが、人権の保障にとり不可欠であることは言うまでもないであろう。しかるに、民主主義は、透明性のある社会すなわち人々が情報を共有することにより責任を分かち合う社会においてこそ、実現される。こうした視点に立つものとして、社会の一員としての企業の役割・責任というものを、いわば株主という外圧により見直していこうとする、株主代表訴訟に関する塚原英治氏の「株主代表訴訟」、そして、大学人として大学における情報公開を論じた筆者の「大学と情報公開」がある。これらは、社会の「透明性」を追求するものである。

さて、人権保障の最後の砦が、司法権特に裁判所であることは、これまた言うまでもあるまい。そこで、人権保障の効果を上げるには裁判所はどうあるべきかを、諸外国と比較しつつ、司法界が直面する問題点を分析し論ずるものとして、菅野博之氏の「日本の司法制度の現状と裁判官」と「司法制度の国際比較と司法の将来」の二つがある。

また、人権の保障にとり、立法はまさに画期的な手法である。そこで、立法過程の分析により人権保障を論ずるものとして、児童の権利条約の国会承認を例として、人権条約の批准を廻る問題点を論じた門司健次郎氏の「児童の権利に関する条約」がある。

次いで、「少数者の人権」は、人権の法的保障には社会の価値観をも問う必要があることを論じているが、これは少数者＝弱者の人権の保障への理解の一助とならんことを願ってのものである。

最後の「個人の国際法主体性についての一考察」は、国家の傘の中における個人の人権保障の限界を克服するものとして、国際法廷による国家の授権の範囲を超えての、個人救済への道を考察するものである。

なお、執筆者には、編者がコーディネイトした総合講義においての講義録をもとに、新しいデータを駆使しつつ自由に論じてもらった。すべて長年の友人たちであり、立場は異なるとはいえ、「人権の保障」のために日々努力を続けている者たちである。

本書が、学生諸君のみならず、人権保障に関心のある研究者、社会人等に広く読まれると同時に、多くの人々に新たな視点からの問題提起を行うことができるならと、切に願うものである。
最後に、本書の出版を快諾して下さった信山社の袖山貴氏への感謝を記したい。

二〇〇〇年二月

執筆者を代表して

初川　満

〈著 者 紹 介〉

塚原英治（つかはら えいじ）

弁護士

（東京・市民オンブズマン事務局長、第二東京弁護士会副会長等を歴任）

「裁判官経歴と裁判行動」法律時報62巻９号

「自由競争論の中の弁護士像と『民衆の弁護士』」日本弁護士連合会編集委員会編『あたらしい世紀への弁護士像』（有斐閣、1998年）

『労働契約Ｑ＆Ａ』、『労働組合Ｑ＆Ａ』（編者、日本評論社、1999年）他

初川　満（はつかわ みつる）

横浜市立大学教授

国際人権法概論（信山社、1994年）

ヒギンズ国際法（訳、信山社、1998年）

社会権規約二条二項（非差別条項）の即時性についての一考察（世界人権問題研究センター研究紀要第４号、1999年）、他

菅野博之（かんの ひろゆき）

東京高等裁判所判事（前最高裁判所調査官）

イギリスにおける民事訴訟の運営（共著、法曹会、平成８年）

弁論兼和解と集中的証拠調（判例時報1513号）

スウェーデンにおける民事訴訟の運営（法曹時報46巻６号）、他

門司健次郎（もんじ けんじろう）

在英国日本大使館公使（元外務省条約局国際協定課長）

「1978年の船員の訓練及び資格証明並びに当直の基準に関する国際条約について」（ジュリスト778号、1982年11月）、他

目　次

1 株主代表訴訟

――企業活動の健全化と市民の役割――

塚原英治

はじめに

株主代表訴訟については、汗牛充棟ただならぬ量の著書・論文が公表されている。(1)私は実務家として、いくつかの代表訴訟に関与し、また会社からの取締役の責任追及訴訟に関与しているので、自らの経験をふまえ、従来あまり論じられていない点及び市民の役割を中心に論じてみたい。また、一九九七年以降、自民党と経団連から株主代表訴訟の改正案が出され議論されているので、主要な点につき触れることとした。(2)

（1）もっとも基礎的なものとして、北沢正啓『新版注釈会社法（6）』（有斐閣、一九八七年）（二六七条注解）三五四頁以下、小林秀之＝近藤光男編『株主代表訴訟大系』（弘文堂、一九九六年）のみをあげておく。

（2）一九九七年九月八日、自民党政務調査会法務部会「商法に関する小委員会」は、「コーポレートガバナンスに関する商法等改正試案骨子」（以下「試案骨子」という）を発表、経団連からは同月一六日に、「コーポレートガバナンスに関する緊急提言」が出された。その後、自民党は、九八年六月一日に「企業統治に関する商法等の改正案骨子」（以下「改正案骨子」という）、九九年四月一五日に「企業統治に関する商法等の改正案要綱」（以下「要綱」という）を公表した。

「試案骨子」及び「緊急提言」については、商事法務一四四八号、「改正案骨子」については商事法務一四九四号、「要綱」については商事法務一五二四号を参照。試案骨子についての批判として、株主代表訴訟制度研究会「株主代表訴訟に関する自民党の商法改正試案骨子に対する意見」商事法務一四七一号を参照。私も「株主代表訴訟の展望」企業環境一一〇号で批判を加えた。要綱についての批判としては、株主代表訴訟制度研究会「自民党の『企業統治に関する商法等の改正案要綱』に対する意見」商事法務一五二六号を参照。

一　市民による法の実現目指して

法律の遵守を担保するものは、日本の場合は行政によるというのが主流であったが、市民の活動によって法律を守らせるという仕組みも必要である。アメリカでは以前からそのような制度作りをしてきた。日本法に取り入れられたものでは、独占禁止法に基づく損害賠償（独占禁止法二五条）、住民訴訟（地方自治法二四二条の二）、株主代表訴訟（商法二六七条）、情報公開（情報公開法・情報公開条例）などがそれである。

私たちは、一九九三年に「東京・市民オンブズマン」を結成した。この年は、ゼネコン汚職の報道が続いた。大企業や地方自治体で頻発する不正・違法行為をやめさせたいという国民の声は各地でおこっていた。検察官まかせにするのではなく、市民が行動できるものはないだろうか。そこで思い当たったのが、先に挙げた諸制度である。従来「お飾り」となっていたこれらの制度を活性化させ、実効性のあるものにするのはわれわれ弁護士の職務である。(3)

法・システムを作り守らせるのは、政府だけの役割ではない。市民にも大きな役割が果たせることは、この間の市民オンブズマンの活動が証明している。情報公開と住民訴訟を通じて、市政・都政・県政の監視が進んできた。マスコミは記者クラブなどの利害関係があり、知っていても書けないことがある。市民はそのような利害関係がなく、怖い物がないので、はっきりと言える。市民オンブズマンの情報公開運動の結果、マスコミも、「書いても良いだろう、書かなければならない」という気になり、不正の摘発が進んできたのである。利害関係のない人が最後は動き得るという仕組みは大変重要なのである。(4)

また、検察任せにできない理由は、次の通りである。

刑事手続きは、直接的な公権力の行使であるから、厳格に制限されており、過大な期待はできない。特に公訴時効期間は短く、問題が発覚したときには、刑事責任は問えなくなっていることが多い。一連の不良債権問題でも、株式会社の取締役に適用される特別背任罪（商法四八六条）の刑は、九七年改正で一〇年以下の懲役となるまでは、七年以下の懲役とされていたので、公訴時効は五年であり（刑訴法二五〇条四号）、バブル期の融資については刑事責任は問えない。(5)このために会社に巨額の損害を与えたずさんな融資を行った人ではなく、事後処理に当たった人だけが刑事責任を問われるという事態が生じている。

同じく、利益供与罪（商法四九七条一項）は、九七年改正前は六ヶ月以下の懲役（改正後でも三年以下の懲役）にすぎないため、公訴時効は三年であり（刑訴法二五〇条五号）、第一勧銀事件で、八九年に小池隆一氏に四大証券会社の三〇万株を取得するための融資を行った取締役たちは刑事責任を免れ、九四年以降に迂回融資を行った取締役たちだけが刑事責任を問われた。落ち着きの悪さを感じるのは、私たちだけではないだろう。市民オンブズマンは、起訴されなかった取締役の責任を明らかにするため、九七年七月に株主代表訴訟を提起した（二〇〇〇年二月二五日、五名の元取締役が会社に合計一億二七〇〇万円を支払うことで和解）。

また、検察は、独自の政治的判断で事件の処理をする。九二年九月の金丸信氏に対する政治資金規正法違反の略式処理が典型であったが、後述する小沢一郎氏に対する告訴の処理でも同じ問題がある。

（3） 東京市民オンブズマンの規約や活動原則については、塚原英治「企業経営の健全化と株主代表訴訟」大出＝水野＝村編著『裁判を変えよう』（日本評論社、一九九九年）四七頁を参照。市民オンブズマンや株主オンブズマンが関与している株主代表訴訟については、「特集市民による企業監視―株主代表訴訟を考える」法と民主主義三二六号（一九九八年）、株主オンブズマン編集『よい総会、悪い総会』（民事法研究会、一九九七年）、同『さよなら総会屋』（一九九八年）等を参照。

（4） 情報公開を中心とした市民オンブズマンの活動につき、全国市民オンブズマン連絡会議『日本を洗濯する』（教育資料出版会、一九九八年）、仙台市民オンブズマン『官壁を衝く』（毎日新聞社、一九九九年）などを参照。

（5） 信用組合の理事などには背任罪（刑法二四七条）が適用されるので、公訴時効は現在でも五年である。

二　株主代表訴訟の仕組みと役割

1　代表訴訟の役割

現在の株式会社は、社会的に大きな影響力を持つが、代表取締役に権限が集中しているだけに、その行為をどうコントロールするかが、各国で課題になっている。日本では、取締役について、会社に対する責任と第三者に対する責任を商法に規定している（二六六条、二六六条の三）。しかし、法律に規定があるだけでは実効性がない。会社において実権を持っている限り、その人の責任を追及することはない。退職していても、仲間内であれば、同じである。

従来から、会社が破綻した場合は役員が交替するため、責任追及がされることがあった。会社更生法は、取締役の損害賠償請求の査定の手続きを設け、処理の迅速化を図っている（同法七二条一項一号）。これを活用したものとして、山陽特殊鋼事件（神戸地裁昭和四一年四月一一日決定・下民集一七巻三＝四号二二二頁）などがある。

近年では、山一証券、北海道拓殖銀行、日本長期信用銀行などで、会社破綻後新しい経営陣が、旧役員の責任追及訴訟を提起している。(6) また、整理回収銀行や整理回収機構など、特別な目的をもって設立され、破綻金融機関の事業や債権の譲渡を受けた会社が破綻金融機関の経営者の責任を追及する訴訟を提起することも増えてきた。(7) しかしなお、会社が取締役の責任を追及するのは例外的な事態である。

会社内部の監視機構には限界がある。監査役の役割は重要であり、自民党の要綱でも監査役の権限拡大が提案されているが、従来何度も監査役の権限を強化してきたにもかかわらず、一連の不祥事が防げなかったことからみても、それだけでは足りないことがはっきりしている。

代表訴訟は、アメリカ法にならって、一九五〇年の商法改正で導入された制度であるが、株主に役員の責任追及および訴訟提起の権限を与え、それによって、会社役員の違法行為を抑止し、会社経営への株主による効果的な監視を狙ったものである。代表訴訟には、会社から逸失した損害を回復をする損害回復機能のほかに、違法行為の抑止機能があることは、日米の判例で認められている。(8)

(6) 山一証券は破産宣告後、管財人が受継した。拓銀については整理回収銀行が債権の譲渡を受け再度訴訟を提起している。

(7) 旧住専である第一住宅金融の副社長に対する訴訟、コスモ信用組合の理事長らに対する訴訟などがある。澤藤統一郎「関与者責任追及・東京弁護団からの報告」中坊公平・住管機構顧問弁護団『住管機構債権回収の闘い』(ダイヤモンド社、一九九九年)二〇七頁参照。

(8) 日興証券事件・東京高裁平成五年三月三〇日判決・判時一四六〇号一三八頁参照。同判決は最高裁平成六年三月一〇日判決・別冊商事法務一七五号二九五頁によって維持されている。アメリカの議論につき、近藤光男『会社支配と株主の権利』(有斐閣、一九九三年)八七頁、同『会社経営者の過失』(弘文堂、一九八九年)一二四頁。

2　原告の資格

原告の資格としては、六か月前から株式を保有していることのみが要件とされている(商法二六七条)。保有株式は一単位株でもよい。これを変えたいというのが改正論議の当初あった。一九九七年段階では、株主の一%、あるいは三〇〇単位に制限するという提案がなされた。三〇〇単位というと、小池隆一氏の持っていた株であり、特殊株主が数億円の融資を受けないと持てない単位である。一%というのは、例えば第一勧銀のケースで言えば、それを超える株主は個人株主ではいない。一%を超えるのは法人で一〇社。あさひ生命、日本生命、第一生命、長銀、明治生命、日債銀、富国生命、日清紡、三井信託、川鉄である。このような会社に代表訴訟を起こすことを期待することはできないので、これは代表訴訟を実質廃止する案である。

零細の株主には経営にくちばしを挟ませる必要はないということであろう。しかし、監査でも、妥当性の監査と違法性の監査の区別があるように、何が妥当かというのは経営責任者に任されるとしても、違法性は社会的なものである。すなわち、経営判断の当否は、ある程度裁量に任されるが、適法かどうかの問題は、一人が言っても、正しいものは正しい。それを多数で押さえ込むことはできないのである。

試案骨子では、行為時の株主に資格を限定するという提案がされていた。これはアメリカのいくつかの州法で採用されているが、論理必然ではない。代表訴訟では、株主は自分の損害を自分に返せというわけではないから、損害との関係で時点が問題となることはない。事件が明るみに出てから、株を買って訴訟を起こすことを認めると、事件屋が入ってくることが多くなるので、それを防ぐための政策的な規定にすぎない。

政策的な規定だとすると、別に行為時に限定する必要はない。そこで、アメリカの「コーポレートガバナンスの原理」(9)では、行為時基準を否定して発覚時基準を採用している(第七・〇二条)。これは一つの合理的な考え方である。しかし取得時や発覚時がいつであるかが争いになると、入り口のところで余分な審理をしなければならなくなる。要綱は発覚時基準を採用しているが、過失によって発覚を知らなかった場合を含ませる点にさらに問題がある。現行法を維持したうえで、発覚後に取得したことは、株主権の濫用の要素として考慮することが簡明であろう（なお、事件が起こって、それが報道されてから株を買った人からの依頼は、私どもは断っている）。

（9） アメリカの判例法は大変複雑だが、アメリカ法律協会が、まとめたものが「コーポレート・ガバナンスの原理」という文書であり、証券取引法研究会国際部会訳編『コーポレート・ガバナンス――アメリカ法律協会「コーポレート・ガバナンスの原理：分析と勧告」の研究――』（日本証券経済研究所、一九九四年）として邦訳されている。これは必ずしも現行法、あるいは現行判例法をそのとおりにまとめただけではなく、こうあるべきだという部分を含んでいるが、アメリカ法の状況を理解するのに重要なものである。

三 違法行為の抑止と成果

1 違法行為の抑止

株主代表訴訟は、企業活動の監視・統制には最も有効なものの一つである。[10]

日本の企業社会においては、「会社のために」という言葉は免罪符となっており、会社のために違法行為をしても、会社はそれをかばい、[11]また刑事手続においても情状酌量の理由となってきた。しかし、株主代表訴訟においては、違法行為をなした取締役は、自腹を切って賠償しなければならないのである。これは、抑止力としては大変なものである。会社の金だからこそ、一、〇〇〇万円から一億円という金でも、賄賂で持っていったり、総会屋に渡したりするのである。自分で賠償しなければならないとなれば、一〇〇万円の金でも慎重にならざるを得ない。

大阪と東京の市民オンブズマンは、一九九三年一〇月一日、改正商法施行の初日に、ハザマの元会長・社長らを被告として、総額九、九〇〇万円の贈賄額の返還を求める三件の株主代表訴訟を提起した。

ひき続き、大阪と東京の市民オンブズマンは一九九四年七月二〇日に、鹿島建設の元会長・社長らに対し、①贈賄・ヤミ献金、②使途不明金、③談合の三点を理由とし、総額五億円（後八億円に拡張）の賠償を求める訴訟を東京地裁に提起した。

ハザマの元取締役に対する提訴は各紙一面にとり上げられ、日本の企業社会に大きな衝撃を与えた。私も数多くの取材を受けた。私たちがやろうとしたことは、「違法なことをさせない」という単純なことであるのに、それが衝撃的に受け止められるような社会なのである。日本経済新聞証券部の田村正之記者によると、「そもそも『代表訴訟が怖くて法律を勉強したところ、初めて取締役に業務執行に関する監督責任があることを知った』という上場企業の役員も多くいるのが現状だ」という。(12)

ハザマの取締役が九一年八月一日頃、大山貞弘茨城県三和町町長（当時）に対し、現金一、四〇〇万円を賄賂として交付した事件について、東京地方裁判所民事第八部は、九四年一二月二二日株主全面勝訴の判決を下した。被告は取締役としての義務違反及び損益相殺の二点を争っていたが、裁判所はこれを一蹴した。(13)

この判決は各紙一面トップで報道され注目を集めた。取締役の遵法義務や株主代表訴訟の意義と必要性については十分な宣伝効果があった。元取締役は控訴せず、賠償額全額を支払った。日本の取締役に、「取締役には業務監督の義務がある」「経営は合法性の範囲内で行わねばならない」というあたりまえのことを徹底するのに、ハザマ提訴は大きな役割を果たすことができた。

以下に私たちが実現してきたことを簡単に紹介する。

(10) 河本一郎報告・シンポジウム「21世紀の商法とコーポレートガバナンス」商事法務一五三九号六七頁。
(11) 埼玉談合事件の中心人物であり、会社に多額の課徴金を負わせた廣瀬透氏(埼玉営業所副所長)は、定年後も鹿島建設の嘱託として会社に残っている。所長や他の三人の副所長の中で、定年後も会社に残れたのは廣瀬氏だけである(同人の法廷での証言)。
(12) 田村正之「株主訴訟は当たり前の経営を促す」内橋=奥村=佐高編『日本会社原論5 企業活動の監視』(岩波書店、一九九四年)一〇八頁。
(13) 判時一五一八号三頁。評釈、中村一彦・判タ八七九号七五頁(会社法判例の研究(一九九九年、信山社)所収)。

2 なくなった使途不明金

会社が税務申告に際し、使途を秘匿する「使途不明金」については、汚職の温床となっているとの批判が続いたため、九四年の租税特別措置法の改正により、「使途秘匿金」の支出に対しては四〇%の税額が重課されている(同法六二条一項)。

鹿島建設は、九〇年から九二年にかけて、毎年一五億から一六億円の使途不明金を支出していた。これは、どうしても領収証のとれない支出があるからという説明であった。しかし、九四年四月に法改正がなされ、七月に我々の提訴がされた結果、九四年は使途不明金はゼロ、九五年もゼロになった(本社主計部次長の法廷での証言)。姿勢を正した結果だという。やればできるのである。

3　政治献金の実態を暴く

代表訴訟での審理により、ヤミ献金の実態を明らかにすることもできた。九三年一一月、茨城県知事への贈賄で東京地検に逮捕された鹿島建設の清山副社長が、小沢一郎氏にも九二年一二月に五〇〇万円を献金していた問題が取り上げられた。小沢氏は新聞に「献金は適法に処理した」と繰り返し答えるだけで、新聞の追及は止まってしまった。新聞は、献金が実際にどういう形で処理されたのかという情報をついに入手できなかった。

ところが、株主代表訴訟を起こした結果、清山氏が九五年一一月二日付の被告側準備書面の中で、具体的な献金先の情報を明らかにしてきたのである。この書面では、「被告清山が、鹿島建設として、訴外小沢一郎の政治活動に協力する趣旨で献金した五つの団体は次のとおりである」として、「近代都市政策懇談会」「ニューライフ研究会」「二一世紀研究会」「一陽会」「いっしん会」なる団体名を挙げている。これらの団体の住所はいずれも、九二年の献金時に、小沢事務所があった東京都千代田区永田町二丁目のビル内にあるが、調べてみると、いずれも政治団体として自治省や東京都選管に届出をしていなかった。献金は小沢氏が言っていたように「適法処理」されてはいなかったのである。政治資金規正法によると、無届け団体が政治資金の受け入れをした場合、その団体の役職員や構成員として違反行為をした者は、五年以下の禁固または三〇万円以下の罰金に処せられることになっている（二三条）。

しかし、この件では、既に九四年二月四日、横浜市の堀淑昭氏ら市民グループ二三人が、小沢氏、清山氏らを政治資金規正法違反で告発しており、東京地検は同年一〇月三一日、嫌疑不十分で不起訴処分としていた。十分な証拠のない告発は、このように処理されてしまうのである。

4　利益供与への制裁

総会屋に対する利益供与については、商法二六六条二号に供与利益の返還の規定があるが全く発動されてこなかった。市民オンブズマンや株主オンブズマンなどの取り組みにより、高島屋(14)、野村証券(15)、味の素(16)などで、実行に関与した取締役のみならず、監視義務を怠った取締役が連帯して供与利益の全部を返還することになった。いずれも一億円を超える金額であり、取締役の意識に与える影響は大きい。なかでも野村証券事件では賠償総額が三億八、〇〇〇万円という高額な上、利益供与事件により会社が失った利益（拡大損害）の賠償も認めさせることができた。

(14)　高島屋事件・大阪地裁平成九年四月二一日和解・資料版商事法務一五八号四七頁（評釈、新谷勝・金判一〇二八号五三頁）。
(15)　野村証券事件・東京地裁平成一〇年一〇月二七日和解・資料版商事法務一七六号一七七頁。
(16)　味の素事件・東京地裁平成一〇年一〇月三〇日和解・資料版商事法務一七六号一八八頁、総会屋対策費として従業員に巨額の支出をしていた案件。

5　談合への制裁・独占禁止法の遵守の強化

日立製作所事件(17)では、調査部という特別の部署を設けて継続的に行っていた談合について、取締役が責任を認め、一億円の賠償金を支払った。独占禁止法違反で取締役が責任を認めたのは初めてのことである。また、利害関係人として参加した会社は、再発防止のため、今後独占禁止法違反について、違反者の解任・解雇、損害賠償を含むことを委員会で具体化することを約した。会社が独占禁止法の遵守について厳しい対応をとることを明確にしたことも画期的なものである。

（17）　日立製作所事件・東京地裁平成一一年一二月二一日和解・資料版商事法務一九〇号二二七頁。

6　株主の組織化、株式保有機関の設置

大企業の違法行為を抑止するためには、上場企業の株式を保有し、いつでも代表訴訟を起こせるようにすることが重要である。この観点から、九五年七月の全国市民オンブズマン連絡会議の大会において、株式保有機構「けびいし」を発足させた。第一勧銀の株主代表訴訟の原告は、この中から生まれた。大阪では九六年二月八日に有限会社株主オンブズマンを設立し（ＮＰＯ法人の許可を申請中）、株式の登録を始めている。[18] 既に四五社の株式を登録している。野村証券や山一証券の株主代表訴訟の原告も、この登録者から現れた。

（18）　株主オンブズマン『よい総会、悪い総会』（民事法研究会、一九九七年）、森岡孝二『粉飾決算』（岩波ブックレット、二〇〇〇年）参照。

四　株主代表訴訟の改正動向

1　自民党・経団連の商法改正案について

注（2）で紹介した今回の自民党・経団連の改正提案は、監査役制度の改正というそれ自体重要な論点を

扱っているが、それを代表訴訟を制限するための理由に使っている。今、何が議論されなければならないかということについての認識が誤っている。グローバル・スタンダードに従うために、今必要なのは遵法経営であるが、その点についての意識が非常に薄い。株主代表訴訟について、要綱は、「企業社会内の私的な紛争に公権力の仲裁を求める制度」という捉え方をしているが、非常に狭い見方である。前述したアメリカの「コーポレートガバナンスの原理」第二〇一条b項(1)では、「会社は、法の定める枠内で行動しなければならない」とされ、コメントでいくつも設例が挙げられているのと好対照である[19]。法というルールを守ることは会社を救うのである。このことは、大和証券事件、野村証券事件を経て明らかになってきた[20]。

現在の主要な問題は、不正行為をなくすために、より効果的な手段は何かということなのである。田中英夫＝竹内昭夫両教授が、二五年以上も前に指摘されたように、「代表訴訟に代わるべき効果的な手段を作り出さないままに代表訴訟の要件を加重するということは、違法行為をした経営陣のために一層の安全を図るという結果しかもたらさない」のである[21]。

(19) 龍田節「会社の目的と行為」証券取引法研究会国際部会訳編『コーポレート・ガバナンス』(日本証券経済研究所、一九九四年)一〇六頁。
(20) 井口俊英『告白』(文春文庫、一九九九年)、大小原公隆『裏切り』(読売新聞社、一九九九年)は、当事者のドキュメントとして秀逸である。
(21) 田中英夫＝竹内昭夫『法の実現における私人の役割』(東京大学出版会、一九八七年)四六頁。

2　株主代表訴訟は濫用されているか

自民党は明示はしていないが、代表訴訟が濫用されているという財界の一部の考え方を背景にしていると思われる。そこで現状を見てみる必要がある。

代表訴訟は、一九五〇年に導入されてから、一九九〇年までの間、一〇件程度しか訴訟がなかった。その後、九〇年代に利用され始め、九二年末で三一件、九三年一〇月一日に改正法の施行がされ、その年の末で八四件、九六年末で一八三件、九八年末で二四〇件まで増えている。この中で上場企業の割合は、三割ぐらいにすぎず、残りは小規模な会社の事件である。(22)

株主が勝訴したものは、上場企業では刑事違法ケースしかない。三井鉱山と片倉は自己株取得で、五年以下の懲役に当たる犯罪（商法四八九条二号）、ハザマは贈賄。日本航空電子は関税法違反と外為法違反である。(23)和解で解決したものも、高島屋・野村証券・味の素は利益供与、大林組は贈賄であり、日立製作所も法人について独占禁止法違反の刑事事件が確定していた。

上場企業以外では、日本サンライズとか、東京都観光汽船のように、経営判断が問題とされたものもあるが、著しい注意義務違反のケースであり、ぎりぎりの微妙な経営判断について責任が認められたというケースはない。(24)

濫訴と思われるものもあり、総会屋が起こしている訴訟もある。しかし、大半は担保提供（商法二六七条五、六項、一〇六条二項）で決着をしている。もっとも担保提供命令が広く認められすぎており行き過ぎだとするのが、ミドリ十字の大阪高裁の決定（平成九年八月二六日・判時一六三一号一四〇頁）であり、私もそう思うが、明らかな濫訴はそれでかなり防げる。(25)

請求額では極めて巨額のものが起こされているが、認容額はそれほど大きいものは今までのところはほとんどない。日本航空電子で一二億円余の判決が出されたが、高裁で一億円で和解した（一九九八年一〇月二二日）。

このように、今株主代表訴訟の制度に大幅な改正を加えなければ企業マインドが萎縮して問題だというような状況にはない。

(22) 門口正人「株主代表訴訟における担保の申立の審理」民事訴訟雑誌四四号四八頁以下にこれらの小規模な会社の事件が紹介されている。

(23) 三井鉱山事件・最判平成五年九月九日・民集四七巻七号四八一四頁、自己株取得を決定した常務会メンバーである代表取締役（社長と常務四名）と常務会に総務部長として出席した取締役一名の責任を肯定。

片倉工業事件・東京地判平成三年四月一六日・判タ七六三号一六四頁、東京高判平成六年八月二九日・別冊商事法務一七五号一五一頁。自己株取得につき、代表取締役社長と対内的業務執行にあたった常務の責任を肯定。

日本航空電子事件・東京地判平成八年六月二〇日・判時一五七二号二七頁（評釈、荒谷裕子・判タ九四八号九〇頁）。従業員の違法行為（ココム規制違反。関税法・外為法違反）につき、決裁した従業員兼務取締役、認識し放置した代表取締役社長・常務取締役の責任を肯定。

(24) 日本サンライズ事件・東京地判平成五年九月二一日・判タ八二七号四七頁、東京高裁和解平成六年三月三一日・別冊商事法務一七五号二六八頁、株式投資の責任を肯定。

東京都観光汽船事件・東京地判平成七年一〇月二六日・判タ九〇二号一八九頁、東京高判平成八年一二月一一日・資料版商事法務一六一号一六一頁（評釈、生田治郎・判タ九四五号二二八頁、評釈、岸田雅雄・判タ九四八号九五頁)。

倒産が予見可能な状況にあったグループ企業への追い貸しと債務保証の責任につき、実行行為者＝代表取締役の責任を肯定し、平取締役の監視義務も肯定した。

福岡魚市場事件・福岡地判平成八年一月三〇日・判タ九四四号二四七頁。取締役会決議に反する資金運用(株式投資)につき責任を肯定。ただし、代表者一人に対する責任追及につき、過失相殺類推による減額をした。

(25)　担保提供につき、とりあえず、岩原紳作「代表訴訟と株主の悪意」判タ号九四八号一三四頁参照。

五　実務上のいくつかの論点

1　複数の訴訟が提起された場合の扱い

野村証券事件では、小池隆一氏への利益供与をめぐって四件の訴訟が起きたが、後続の訴訟の扱いが問題となった[(26)]。

学説には、後の訴訟は二重起訴として却下され、株主は訴訟参加しか道がないとする説があり[(27)]、東京地裁商事部もそのように扱おうとしている。合一確定の要請からそのように解するのである。

しかし、私は、請求原因の一部を共通にしていても、被告や損害の内容(後続の訴訟がより広い損害を請求している場合など)を異にしている場合は、後続訴訟は二重起訴として却下されるべきものではなく、併存させるべきものと考える。株主代表訴訟について、アメリカ法の研究を踏まえた卓越した論文を書かれた故竹内昭夫教授は、この問題につき、次のように論じている[(28)]。

「以上に一瞥したアメリカの判例のきめ細かな、かつ、実質に即した考え方と比べると、代位訴訟であるから後訴は二重起訴にあたり、したがって却下を免れないというようなわが国の一部の学説は、形式論理的な割切りを急ぐあまり、紛争の実体についての省察に欠けるというほかあるまい。だいいち、株主代表訴訟については、——合併無効の訴え（商一〇五条）や決議取消の訴え（商二四七条）等と異なり——二重起訴にあたるかどうか、しかく一義的に決定しうるわけではないであろう。例えば、株主甲が取締役A・Bの蛸配当の責任を問う代表訴訟を提起した後、株主乙がA・Bに加えて取締役Cの監視義務違反の責任を問う代表訴訟を提起したという最も単純なケースについて考えても、乙の提起した訴訟のうち二重起訴の禁止に反するとして却下されるのは、A・Bに対する請求だけである。しかしCの監視義務違反の責任は、A・Bの蛸配当の責任が前提となるが、それは甲の訴訟で判断されるということになると、乙は甲の訴訟の結果を待たなければならないということになるのであろうか。そしてもし、乙がA・Bの責任を追及しようとすれば、甲の訴訟に参加するほかないことになろうし、逆に甲がCの責任も追及したいと考えるにいたったとすれば、やはり乙の訴訟に参加するほかないことになろう。このような請求の分合をした上で二つの訴訟を平行して進めるよりは、一旦二つの訴訟の係属を認めたうえで、裁判所が必要かつ有益と認めたときは、その併合を命ずる（民訴一三二条）ほうが妥当であろう。それにより甲・乙間に共同訴訟関係が成立し、取締役A・B・Cに対する請求が審判の対象となると解してよいであろう。したがって、その後乙が訴訟から脱落しても、甲がA・B・Cに対する責任追及の訴えを続行しうることになると考えられる。」

野村証券事件で生じた事態は、右に竹内教授が論じられている問題の適例である。いくつかの訴訟を併存させることが、却って問題を単純化できるのである。裁判所が訴訟を併存させせたのは適当であった（実際には併合して和解した）。

実例としては、他にミドリ十字株主代表訴訟事件がある。(29)

(26)　小池隆一に対する利益供与を原因とする野村証券の取締役に対する株主代表訴訟は、四件係属し、後に第二事件が取り下げられ、別の株主から訴訟参加が二件なされた。一九九七年五月二日提訴の原告仲田妙子の事件（第一事件）、同月一四日提訴の原告株式会社青木電気設計事務所の事件（第二事件）、同年七月三一日提訴の原告仲田妙子の事件（第三事件）、同年八月七日提訴の原告野崎貴美子らの事件（第四事件）である。

第一事件は、①一九九五年一月から七月の花替えによる七、〇〇〇万円の利益供与を原因とし、被告は酒巻、武士、松木、藤倉の四名、請求額は七、〇〇〇万円であった。

第二事件は、右と同一事実を原因とし、被告は田淵節也、田淵義久、酒巻、鈴木、斉藤、松木、藤倉の七名、請求額は七、〇〇〇万円であるが、これにアメリカにおける連邦証券取引法違反の事実を原因とする賠償請求が併合されていた。

第三事件は、②一九九五年三月二四日の三億二、〇〇〇万円の現金供与を原因とし、被告は酒巻、藤倉の二名で、請求額は三億二、〇〇〇万円である。

これに対し、第四事件は、①一九九五年一月から六月の花替えと同年三月のワラントの架空取引による六〇七七万二、二五〇円の利益供与と、②一九九五年三月二四日の三億二、〇〇〇万円の現金供与を原因とし、被告はいずれについても酒巻、村住、斉藤、藤倉、松木、武士の六名で、請求額は右各利益供与額に③得べかりし引受手数料損害を含めた四億四、〇八七万二、二五〇円である。

(27)　北沢正啓『新版注釈会社法（6）』（二六八条注解）三七五頁。

(28)　竹内昭夫「株主の代表訴訟」『法学協会百周年記念論文集』第三巻一八七頁。

(29) 大阪地方裁判所に係属しているミドリ十字株主代表訴訟においては、一九九六年七月二三日に原告吉武伸剛の訴訟が提起され、同年八月九日に原告久能恒子外（大阪ＨＩＶ弁護団）の訴訟が提起されて二件の訴訟が係属したが、後訴は却下されることなく進行した。原告吉武の事件については、九七年三月二一日担保提供が命じられ、八月二六日大阪高裁がこれを取り消した。大阪ＨＩＶ弁護団の事件では、九七年二月に担保提供申立が取り下げられ、五月から実質審理が進んでいる。

2　会社の破産・更生と代表訴訟の帰趨

山一証券事件では、審理中の一九九九年六月二日会社が破産宣告を受け、破産管財人が選任された。これにより、株主代表訴訟がどうなるかが問題とされた。被告取締役は却下を主張した。

この点について、学説は二つに分かれる。

A説は、「代表訴訟の係属中、会社が破産した場合にも、その訴訟手続きは中断しない。会社の破産によって取締役に対する賠償請求権は破産財団に属するものとなり、破産財団の管理・処分の権限は破産管財人に専属するが、会社の破産前に提起された代表訴訟にはなんらの影響も与えない」とする。(30)

B説は、株主代表訴訟の訴え提起後に会社が破産宣告された場合は、中断し破産管財人が受継するとする。(31)

破産宣告により、破産財団の管理処分権は破産管財人に専属するので（破産法七条）、破産宣告後に提起された代表訴訟は、原告適格を欠き却下されるとする裁判例がある（ニコマート事件・東京地裁平成七年一一月三〇日判決・判タ九一四号二四九頁）。同様に会社更生手続きが開始された後に提起された代表訴訟が却下されたケースがある（サンウェーブ工業事件・東京地判昭和四一年一二月二三日・判時四六九号五七頁、東京高判昭和四三年六月一九日・判タ二二七号二二一頁）。ちなみに、サンウェーブ工業事件で東京地裁は、代表訴訟の却下と同時に、取締役に対する損害賠償の査定（会社更正法七二条一項一号）として、九億円の賠償額の査定請求を認容しており（東京地決昭和四一年一二月二三日・判時四七〇号五六頁）、代表訴訟の必要がなかったケースである。

一般論として、代表訴訟を否定することには批判が強い。管財人の立場からも「会社財産の処分・管理権の帰属と代表訴訟の提訴権者とは必ずしも同一とは言えない。又、私の更生管財人法律顧問としての経験からしても、管財人の業務は過去の違反行為の追及よりも、会社事業の再建にあるため、一般論としては、取締役への責任追及権を株主の手から全面的に取り上げるべきか否か疑問は残る」とされている。(32)

破産管財人には、会社更生法における査定手続きのような、簡易かつ廉価な役員の責任追及手続きが認められていないので、管財人独自の責任追及は費用の点からも問題がある。代表訴訟を維持する必要性は高いのである。

山一証券事件で、東京地裁は、前記B説を採用し、管財人の受継を認めた。しかし、会社が請求する場合には、請求額に見合った印紙の貼付が必要であるとした。会社が独自に請求する場合ではなく、管財人が受継する場合には別途に解する余地があると思われる。

(30)　野間繁「代表訴訟の性格」法律論叢三二巻五号一六頁。
(31)　服部栄三・ジュリ四一六号一三三頁、伊藤眞『破産法（全訂第三版）』（有斐閣、二〇〇〇年）二六四頁。
(32)　久保利英明「実務から見た株主代表訴訟の課題」ジュリ一〇一二号七五頁。

3　認諾・和解と弁護士報酬

商法二六八条ノ二第一項は、勝訴株主の権利として、「第二百六十七条第二項又ハ第三項ノ訴ヲ提起シタル株主ガ勝訴シタル場合ニ於テ其ノ訴訟ヲ行フニ必要ト認ムベキ費用ニシテ訴訟費用ニ非ザルモノヲ支出シタルトキ又ハ弁護士ニ報酬ヲ支払フベキトキハ株主ハ会社ニ対シ其ノ費用ノ額ノ範囲内又ハ其ノ報酬額ノ範囲内ニ於テ相当ナル額ノ支払ヲ請求スルコトヲ得」と定める。住民訴訟でも地方自治法二四二条の二第七項に同趣旨の規定があり、「第一項第四号の規定による訴訟を提起した者が勝訴（一部勝訴を含む。）した場合において、弁護士に報酬を支払うべきときは、普通地方公共団体に対し、その報酬額の範囲内で相当と認められる額の支払を請求することができる。」と定められている。

「勝訴したる場合」には、請求の認諾も含まれるとするのが、通説であり、実例もある。[33] 和解は含まれるか。会社が株主の訴訟活動により利益を受けるのは、勝訴の場合と同様であるから、認めるべきである。アメリカでは当然のこととされており、日本でも実例がいくつかあるが、判決例があらわれた。[34]

同条の立法趣旨は、株主とその弁護士との間で不相当に高額の報酬契約を締結することによって会社に不当な義務を負担させる事態を防止するために、その請求権の範囲を相当なものに限定しているものである（アメリカの「コーポレートガバナンスの原理」第七・一七条では、「いかなる場合にも弁護士報酬の額は、原告が会社のために得た救済の価額の合理的な割合を超えてはならない」という上限規制をしている）。それゆえ、株主は、自ら負担する弁護士報酬額が相当であれば、全額を会社に負担させることができる。[35] 竹内教授の言われるように、「代表訴訟は、難しい訴訟ですし、ありふれた事件ではない。そして会社は訴え提起を求められてそれを拒んだのに、株主が訴訟をして勝訴し会社に利益をもたらしたのですから、会社としてはいったん捨てた権利が生き返ったことになるわけです。アメリカでは代表訴訟で勝訴した場合の弁護士報酬について、ケチケチするべきではない、思いきってたくさんの報酬を与えるべきで、それは船の引き揚げ作業、サルベージ費用に比べるべき性質のものである。弁護士も成功報酬契約（コンティンジェント・フィー・ベーシス）で引き受けるのですから、勝訴しなければ全くの無報酬、骨折り損のくたびれもうけに終わる。だから勝訴したときは気前よく払うべきだという議論が強く、現に高額の報酬が認められています（竹内「取締役の責任と代表訴訟」会社法の理論Ⅲ三〇三頁）」。(36)

我が国の代表的な注釈は、「報酬額が相当であるかを決定するに当たっては、勝訴判決によって会社の得た利益の額が顧慮されなければならないことは、言うまでもない。」としている。この点は、母法国アメリカで、そうなっており、株主代表訴訟の報酬は回収額の合理的な割合を基準としている。実際には、一〇〇万ドル未満の場合は、回復額の二〇%から三〇%、一〇〇万ドル以上の場合は、一五%から二五%ぐらいだという。(37)

日本においては、勝訴で確定した事件は、三井鉱山、ハザマ事件位しかない。日本サンライズ、高島屋、味の素、大林組などでは和解して、弁護士報酬を受け取っている。(38)ハザマ事件を例に取ると、被告に会社に対して全額の支払いをさせたので、その後、弁護士報酬基準規程どおりの報酬を受けている。着手金・報酬合わせて回収額の一〇%強である。学説も、「日弁連の報酬基準に従った額を合意している場合には、その全額を会社に対して請求できると考える」としている。(35)

(33)　北沢正啓『新版注釈会社法（6）』（二六八条ノ二注解）三八一頁、ハザマ株主代表訴訟仙台市長事件・東京地裁平成七年九月二一日認諾、同茨城県知事事件・東京地裁平成八年一二月六日認諾、住民訴訟では、判決

例がある（大阪地裁平成六年六月二八日判決・判タ八九三号一四二頁）。

(34) 野村証券事件・東京地裁平成一一年一一月二六日判決。母法国であるアメリカにおいて、和解の場合も弁護士報酬請求が認められることにつき、金子宏直「株主代表訴訟における弁護士報酬の問題（一）」民商一一三巻二号二二三頁。

(35) 金子宏直「株主代表訴訟における弁護士報酬の問題（二）」民商一一三巻三号四〇四頁。

(36) 竹内昭夫「株式会社の運営について」法学教室一七二号一三頁。

(37) 前田雅弘「代表訴訟の和解と弁護士費用」証券取引法研究会国際部会訳編『コーポレート・ガバナンス』（日本証券経済研究所、一九九四年）二五〇頁。

(38) 高島屋事件では、日弁連の報酬基準規程の標準額以上の報酬が、味の素事件では標準額の報酬が支払われている。

六　取締役責任の範囲をめぐる問題

1　相続人に対する請求

自民党の試案骨子は、本人が亡くなると取締役の責任が消滅することを提案した。これに対しては、自殺の奨励をするもので公序良俗違反ではないかという批判がなされた[39]。遺族が現実に責任を負ったのは、日本航空電子の事件であるが、これは被告が裁判中に死亡したものである。亡くなられた方に保証債務があったなどという事態は、普通の取引でいくらでも生ずることであるから、遺族を保護する場合でも、相続法の一般原理で処理するのが本筋である。相続放棄、限定承認など相続法で処理をするか、もともとの責任制限で処理すべきものである。取締役責任の相続に限って特別の処理をするのは、他とのバランスを失する。また、死亡したからといって責任追及対象からキーパースンが落ちていると釈然としない、との企業法務の意見もある。(40)

山一証券では、会社側が副社長の遺族に対し賠償請求訴訟を提起した（東京地裁係属中）。旧住専案件でも、社長の遺族が賠償した例がある。もっとも、遺族では防御ができないことや相続放棄の機会が無くなることなどを考慮し、死亡の時点、利得の現存の程度などを考慮し、キーパースン以外への請求・提訴は慎重に行う必要があろう。

(39)　浜田道代「企業倫理の確立と監査役・代表訴訟制度」ジュリ一一二三号一一四頁。
(40)　取締役制度研究会における東條和彦三菱商事常務の発言・月刊取締役の法務六六号「株主代表訴訟の対象」七八頁。

2　取締役の責任の時効期間

商法二六六条に基づく取締役の責任は、一般の債権と同様に一〇年の時効によって消滅すると解するのが通説である。(41)これは、取締役サイドの実務家を含め、異論をみなかった。

もっとも、最近五年説が現れた。(42)取締役と会社との委任契約は、商行為となるので、商事債務だから五年だというのである。この説は、取締役の報酬が五年で時効にかかるのに責任だけ一〇年継続するのはおかしいと言うが、労働者の賃金請求権はわずか二年で時効にかかるのに（労働基準法一一五条）、責任は理論上は一〇年継続するのだから、取締役だけが不利なわけではない。

裁判例も、時効期間は一〇年と解している。すなわち、東京都観光汽船事件の判決は次のようにいう（東京地裁平成七年一〇月二六日判決・判時一五四九号一三三頁）。「商法二六六条一項五号に基づく損害賠償請求権は、その性質上、期限の定めのない債務であり、消滅時効の起算点は、その債権成立時であると解され、また、その時効期間は、一〇年（民法一六七条）と解される。」

試案骨子は、五年程度の短期消滅時効を定めるよう提案した。これに対しては次の批判が妥当する。「商法において各種の債権の短期消滅時効が定められているのは、企業取引の反復性・集団性に起因し、取引の迅速な解決を図る趣旨であって、取締役の責任については、そのような必要は認められない。」[43]

時効の起算点については、「時効の起算点は損害発生時からであり、プロジェクトであれば、誤った経営判断をしたときではなく、失敗して最後に損害が発生した時点から起算することとなる」と解されている。[44]

裁判例も、同様に解している。すなわち、前掲の東京都観光汽船事件の判決は次のようにいう。「原告により本訴が提起されたのは平成五年一月一九日であるから、その日から一〇年前である昭和五八年一月一九日以前に発生した被告らの損害賠償請求権は時効により消滅していることになるが、昭和五七年四月から昭和五八年一月一九日までの間の貸付についても、損害が発生したと客観的に認められるのは、最も早い時期をとらえたとしてもケイアンドモリタニが手形不渡により事実上倒産した昭和五九年一〇月末より前に遡ることはないと認めるのが相当であるから、被告らに対する損害賠償請求権が時効消滅していないことは明らかである。」この判決は、高裁でも維持されている（東京高裁平成八年一二月一一日判決・資料版商事法務一六一号一六一頁）。

(41) 近藤光男『新版注釈会社法(6)』(二六六条注解)二九三頁、服部栄三編『基本法コンメンタール会社法2(第六版)』三二頁(佐伯直秀)、久保利英明＝中村直人＝菊池伸『取締役の責任』(商事法務研究会、一九九九年)八頁。

(42) 影山文夫「取締役の会社に対する責任の消滅時効期間 上下」取締役の法務一九九九年二月二五日号、四月二五日号。

(43) 株主代表訴訟制度研究会「株主代表訴訟に関する自民党の商法等改正試案骨子に対する意見」商事法務一四七一号一七頁。

(44) 前掲・久保利ほか『取締役の責任』八頁。

3　会社が支払った課徴金・罰金は損害賠償の対象となるか

談合による罰金及び課徴金の支払いについて損害賠償が求められた日立製作所事件で、取締役らは、「課徴金は事業主に対する行政手続・命令に基づいて当該事業者に賦課されるものであり、かつ『儲けすぎの分』を『国庫に納入』させるものであるというその制度趣旨からも、当該事業者がその賦課された課徴金を他者に転嫁することは、その性質上なしえないものである。罰金は事業主に対する科刑手続・判決に基づいて当該事業主に賦課されるものであり、刑事責任は、他人の行為による責任ではなく、個人的なものであり、一身に専属するものであることから、当該事業者がその賦課された罰金を他者に転嫁することは、その性質上なしえないものである。」と主張した。

しかし、取締役が会社に与えた損害を賠償することは、会社が義務を転嫁することではない。問題は、①

課徴金や罰金の支払いが会社にとって損害であるか否か、それが②取締役の善管注意義務違反等によって生じたものであるか否かにあるのである。

アメリカにおいても、「会社役員が反トラスト法に違反して、会社に罰金が科された場合、意図的に違反を行った役員は会社が支払った罰金額について会社に対して損害賠償義務を負う」と解されている。(45) この解釈は日本において妥当するのみならず、課徴金についても同様であると解釈されている。(46)

これまでの裁判例は、会社が支払った罰金を会社の損害と認めてきた。日本航空電子工業株主代表訴訟判決（東京地裁平成八年六月二〇日判決・判時一五七二号二七頁）は、会社が納付した罰金相当額について取締役に損害賠償責任を認めている。(47)

また、大和銀行株主代表訴訟担保提供命令申立事件抗告審決定（大阪高裁平成九年一一月一八日決定・判時一六二八号一三三頁）は、理由中で、会社が納付した罰金相当額について取締役に損害賠償責任が認められることを前提とした説示をしている。(48)

結局、日立製作所事件では、一九九九年一二月二一日、取締役が損害の一部である一億円を支払うことなどで和解が成立した。(17)

(45) メルヴィン・A・アイゼンバーグ「アメリカ会社法学者からみた問題点」民商法雑誌一〇八巻四・五号四九九〜五〇〇頁。
(46) 「座談会　最近の会社経営をめぐる法的諸問題」商事法務一三五四号二〇頁上段、下段の河本一郎発言。
(47) 損害に関する判示部分は以下の通りである。

「五　争点3（損害）について

1　ローレロンの不正輸出による罰金五〇〇万円

(二) 前記のとおり、被告甲野及び同乙山は、昭和六二年一一月一日から平成元年四月四日までの間におけるローレロンの不正輸出について、被告丙川は、昭和六一年九月二日から平成元年四月四日までの間におけるローレロンの不正輸出について、それぞれ責任を負うものであるが、東京地方裁判所において日本航空電子工業が有罪となった事実は、昭和六三年一〇月一三日から平成元年四月四日までの間のローレロンの不正輸出であるから、同社が言い渡されて納付した罰金五〇〇万円相当額の損害について、被告らに損害賠償責任が認められる。

2　米国における罰金、制裁金の支払い

前記認定によると、「日本航空電子工業は、米国司法省・国務省・商務省との間で司法取引を行い、二二個の訴因のうち一〇個について有罪答弁を行った上、罰金一、〇〇〇万ドル特別課徴金二、〇〇〇ドル、制裁金五〇〇万ドル及び和解金四二〇万ドル（邦貨換算額合計二四億八、〇三〇万円）を支払ったが、罰金・制裁金等の前提となった起訴事実は、米国国務省の許可なしに行った(1)昭和六一年二月二七日から同年九月二五日までの間のジャイロスコープ（G―二〇〇）一二七個の取引、(2)同年二月二八日に行った加速度計一個の取引、(3)昭和六二年三月二四日に行ったジャイロスコープ（GG―一一六三AA〇一）一個の取引であるところ、既に説示したとおり、被告甲野、同乙山は、右取引につき取締役としての善管注意義務・忠実義務違反の責を負わず、また、被告丙川は、右取引のうち、昭和六一年六月三〇日から同年九月二五日までの間に行った四五個のジャイロスコープ（G―二〇〇）の取引のみについて取締役としての善管注意義務・忠実義務違反が認められる。

米国司法省等との司法取引が介在しているとしても、その司法取引の過程や結果が通常予測されうるところと著しく異なる等の特段の事情が認められない限り、被告丙川の行為と右罰金等を支払ったことによる損害と

の間の法的な因果関係が否定されるものではないと解すべきところ、右特段の事情につき主張・立証はない。」（三七頁）

(48) 損害に関する判示部分は以下の通りである。

「大和銀行は、平成七年九月二六日、本件事故及び本件事故後の対応につき二四の訴因で訴追され、そのうち一六の訴因について有罪の答弁を認め、罰金三億四、〇〇〇万米ドルを支払う旨の司法取引を行い、判決に基づいて右罰金を支払っているのであり、右相手方（被告）らの中に責任を負うべきものが存在する可能性は十分にあり、相手方らのその責任の有無は本件本案訴訟において慎重に検討されるべきであって、現段階では、株主側の情報や証拠収集が困難であることを考えると、この程度の主張でも主張自体失当であるとまでいうことはできない。」（一三六頁）

「また、本件本案訴訟は、大和銀行がアメリカ合衆国において処せられた刑事罰に関してその賠償責任を問うものであり、一件記録によつても、抗告人らが株主代表訴訟の制度を逸脱し、不当な目的をもつて相手方（被告）らを害することを知りながら訴えを提起した場合に当たるとは認められない。」（一三七頁）

七　取締役責任の合理的な限定

1　取締役の責任の減免

商法二六六条五項は、取締役の責任の免除には、全株主の同意が必要であるとしている。多数決にしたのでは、代表訴訟を単独株主権にした意味がないからである。

ところが、自民党や、経団連は、減免を定款の定め、あるいは株主総会の特別決議でできるようにしようとしている。しかも自民党案では判決が出た後もできることになっている。この考え方の基本にあるのは、本来会社が持っている賠償請求権だから、会社が放棄できるという考え方であるが、判決が出た後は、会社は執行する義務を負っている。公権力が確認したものを私的に放棄できるのか問題である。

改正論者は、取締役に対する高額の賠償請求が経営の萎縮を招いているという。すでに述べたように、現状はそのような状況にはないが、責任の合理的な限定は検討して良い課題である。

2　経営判断の原則

経営判断の原則とは、代表訴訟が多く利用されているアメリカで発達してきた法理で、適正な手続を経て、経営判断として行われたことについては、裁判所は立ち入らないという原則である(49)。

これには、前提がいくつかある。一つは、違法行為には適用されない。そのような経営判断をすることが自体が違法なのであるから、裁判所がこれを合理化することはあり得ない。二つ目に、忠実義務違反、利益相反の場合を指すが、取締役との自己取引等については、経営判断の問題にならない。三つ目に監視義務違反にも適用されない。監視義務違反は不作為であって、判断ではないからである。

このようにすべてのものが経営判断の原則で救済されるということはあり得ないので、そのルール自体が持っている意義を正しく認識しなければいけない。逆にそのように認識するならば、これは日本でも決して新しい考えではなく、現に認められている。問題は判断基準であり、これまでの裁判例はやや緩すぎるのではないかと考えられる。

(49)　吉原和志「取締役の経営判断と株主代表訴訟」小林＝近藤編『株主代表訴訟大系』五一頁参照。

3　責任の合理的な制限

経営判断のミスによる場合は、『コーポレートガバナンスの原理』の第七・一九条では、問題となる行為をした年の年度の報酬の限度に制限することを認めている。日本でもそれにならって、年収の数倍を基準に裁判所の裁量を認めるという提案があったが[50]、要綱は、二年間の報酬に制限するという提案をしている。

もっとも、アメリカでは、悪意かつ有責の法律違反、重大な損害の惹起を防止しようとしない意図的な義務違反、継続的な義務の放擲、これらの場合は、責任制限が適用されない。だから、違法行為をしてしまうと、生じた損害は満額賠償義務を負うのは避けられない。そうでない経営判断ミスは、年収を放棄すれば、免れる。アメリカでは社外取締役が多く、任期は一年で高額の報酬が支払われるから、これも合理的な規定の仕方である。

日本で限度を設定するとしたら、退職金全額を含め、二、三年分の報酬とするのが一つの考えであろう[51]。自民党のように、法律で上限規制をする考えもあるが、代表訴訟や会社が行う訴訟において、当初から合理的な制限をした額で行う慣行をつけることで社会通念上合理的と考えられる相場を形成していくことが望ましい。

違法行為をしたら、上限がないのは仕方がない。巨額の賠償をしたくなかったら違法行為をしないと決めればよい。違法行為をする前提で、責任を限定しようというのは、合理性がなく法とは言えない。この場合も破産をすることによって、その債務を死ぬまで払わなければならないという事態を避けられる[52]。

つまり、何が妥当かという政策判断については、後知恵で結果が悪かったから多額の賠償を請求するということは制限してもよい（経営判断の原則の活用）。あるいは責任の上限規制をしてもいい。そうではなくて、何が違法かということについては、多数決で決められるものではない。違法だとされたものを多数決で救済しようというのは間違いである。

企業倫理確立のために株主代表訴訟に期待される役割はなお大きいものがある。

(50)　上村達男「株主代表訴訟に関する次期商法改正の動き」法学セミナー五一六号六九頁。

(51)　訴訟ではないが、旧住専における経営者の責任追及案件について、庭山慶一郎元日本住宅金融会長は一億二、〇〇〇万円の解決金を支払ったが、これは退職金と三年分の報酬額の手取額に相当していた。第一住宅金融においては、元社長らは、退職金と二年分の賞与手取額合計一億円を支払っている。

なお、浜田道代「企業統治と監査役制度・代表訴訟・役員の責任制限」商事法務一五二八号四頁以下は示唆に富む。

(52)　「悪意をもって加えたる不法行為に基づく損害賠償」債務と解される場合は別論である（破産法三六六条ノ一二第二号）。

2　大学と情報公開

初川　満

一　序

情報の公開が今日あらゆる分野において求められていることは、言うまでもあるまい。民主主義において重要なことは、各自の自由な判断が保障されること、そして、その判断に基づいてあらゆる組織が運営されることである。しかるに、自由な判断には、判断材料たる情報の自由な入手が不可欠である。つまり、情報を自由に入手できて初めて、我々は真の民主主義を完成し得る。

このことは、大学の自治の名の下にいわば聖域視されてきた大学においても、当然にあてはまる。今や大学改革という嵐が、大学における学問の自由や大学の自治のあり方に再考を迫りつつ、吹き荒れている。こうした状況下において、大学が再生を果し、本来の存在理由たる教育・研究の一層の促進に邁進するには、内部における構成員の一層の努力は言うまでもないが、外部に対しても理解を得るためのできる限りの情報の公開が、不可欠といってよかろう。「弧高を守る」ということは、「象牙の塔」と同じく時代錯誤となってきたのである。

こうした点を踏まえ、本稿では例として、急速に盛り上りつつある情報公開の運動において開示請求の根拠とされる情報公開条例や個人情報保護条例、そして新たに公布された情報公開法が、大学における情報公開にいかなる役割を果し得るかを考察し、大学における情報公開の在り方及びその意義を考えてみたい。なお、本稿では対外部における情報の公開に重点を置くが、これは決っして内部における情報の公開の重要性を軽んじているわけではない。真の大学再生のためには、各構成員が情報を共有することにより自らの責任を自覚することが最も重要だといってよかろう。言い換えれば、真の民主的な、透明性を持った大学運営には、内部における情報の共有の実現が急務といえよう。

最後に、情報公開がその本来の目的を達成するためには、適切な文書管理が不可欠であることを指摘しておきたい。そもそもあるべき文書がなかったり、その所在が明確でない状態では、情報公開そのものが十分に機能することを期待することはできない。文書管理の在り方は、情報公開がめざす目的の実現を左右する重大な問題である。そしてこのことは、当然に大学にもあてはまる。

二　大学の自治

(1)　概　説

学問の自由は、ドイツにおいては大学での学問及び教授の自由を保障する意図を持つものとして、独立した権利として発達したといわれている。(1) 言い換えれば、ドイツでは近代社会への移行が表現の自由等の市民的自由の十分な保障を伴わなかったことの反面として、大学及び大学人のいわば特権として学問の自由が位置づけられた。しかるに米国においては、人権宣言や合衆国憲法成立当初は、学問の自由は、思想・良心の自由や表現の自由といった市民的自由権の保障中に当然に含まれていると解されていたため、特別の権利としては論じられることはなかった。しかし、資本主義の発達に伴い、研究教育システムや大学の経営等が変化してくる一九世紀後半以降、大学等の研究・教育従事者が、設置者等から不当な圧力を受けることなく自由に学問の研究・教授を行うことができる自由として、学問の自由の必要性が自覚され確立するようになってきた。(2)

言うまでもなく、今日において学問の自由は、すべての国民に保障される。とはいえ、歴史的にみていわゆる「大学の自治」が、「学問の自由」の大きな部分を占めることは事実である。そして、学術の中心であった大学が、権力による干渉や弾圧の対象となり続けてきたこともまた、歴史の教えるところである。ここに、市民的自由権の保障のみならず、外部勢力による介入や干渉などからの保護というものを、特に大学における研究・教育従事者に確保することの必要性が、主張されてきた理由がある。(3) そしてこの保障を実効あらしめるには、外部勢力によるあらゆる干渉を排除し、大学の管理運営を大学の自主的決定に委ねることが不可欠であることから、[4] 大学における学問研究の自由を保障する制度的原理として、大学の自治が形成されてきた。[5]

よってここでは、大学の自治というものは、一般市民が持つ市民的自由以上の高度の自由を特権的に保障する趣旨ではない、[6] という点を特に強調しておきたい。

（1） 芦部信喜「学問の自由(1)」法教一五七号（一九九三）八〇頁参照。
（2） 高柳信一「学問の自由と大学の自治」（東京大学社会科学研究所「基本的人権4」（東京大学出版会、一九六六年））三六九頁以下参照。なお、「学問の自由」とは、主に米国大学教授連盟による戦いの結果として、一九世紀に発達した幾つかの複雑な特定の場所での習俗を意味する。そして、こうした習俗や伝統は、大学を政治や世論から隔離する。とするものがある（R. Rorty, "Does Academic Freedom Have Philosophical Presuppositions", in The Future of Academic Freedom ed. L. Menand (1996), p. 21 参照）。
（3） 芦部・前掲注(1)、七九頁参照。
（4） 東京地判昭四六・六・二九行裁例集二二巻六号八九九頁参照。
（5） 通説は、大学の自治は学問の自由から派生する「制度的保障」と解する（芦部信喜「憲法」（岩波書店、一九九三年）一三七頁参照）つまり、大学の自由を外部勢力から守るための制度的保障が、大学の自治である。それ故に、その使命に基づくものであるという点において、同じく自治であっても住民のために存在する地方自治とは異なると言えよう（田中耕太郎「教育と権威」（岩波書店、一九四六年）八四頁参照）。
（6） 阿部照哉＝池田政章編「新版憲法(2)」（有斐閣双書、一九八三年）二一五頁参照。言い換えれば、弾圧や干渉の誘惑が抵抗をうけ、そして学問の自由の濫用を理由として罪を問われた者が免責されるとき、そしてその時のみ学問の自由は、実在するということが証明される（F. Machlup, "On Some Misconceptions Concerning Academic Freedom", in, Academic Freedom and Tenure : A Handbook of the American Association of University Professors" (1969), p. 192 参照)。

(2)　大学の自治

大学の自治は、要するに「学問の担い手」である大学に伝統的に認められてきた自治の慣行として、確立したものである[1]。大学の自治の保障は、市民的自由の保障と何ら異ならないと断ずるならば、その保障の法的意味を論ずる必要はなくなるであろう。しかし、「大学の自治」は、客観的制度的保障としての性格のものであるから、研究・教育従事者の自由と緊張関係に立つ側面もあり得るし[2]、また、大学の自治という慣行の違反により誰かに不利益を課すこととなる措置は、それ自体直ちに憲法一四条（法の下の平等）や三一条（適正手続）等の違背となり、利害関係者の権利を侵害する場合もあり得るから[3]、その内容を明確にすることには価値がある。

我が国において大学の自治の内容としては、主に研究・教育の内容と方法の決定の自治（教員の研究・発表・教育の自由）及び、これらを保障するための自治（特に人事の自治）、そして大学の施設管理の自治、等が挙げられている[4]。大学の自治は、大学が外部勢力（特に設置者）からの干渉を排除し、研究及び教育を達成するところに成立するのであるから、その根幹は自主的な研究・教育を行うこと、つまり教員の身分や研究・教育の自由を保障することにある。そしてこれらを担保するものとして、大学の運営管理（人事や処分等含む）に関する自主決定権が導びかれるのである[5]。

では、研究発表や教育における自由とは、いかなるものであろうか。研究の自由は、憲法一九条（思想及び良心の自由）と重なるところがあり、その意味では絶対的保障を受けると言える。とはいえ、研究は、研究方法により他の法益との衝突を生じ制限を受ける場合がある。そして、このことは発表の自由及び教育の自由の場合も同じである。もっとも、ここにいう制限は、まさに学問の立場からの慎重な配慮を必要とすると言えよう。(6) ここにいう研究・教育の自由は、具体的には、大学教員は研究及び教育活動において、任命権者若しくは上司の職務命令を受けないことを意味する。また、大学教員は、研究及び教育の内容や方法等に関し自主決定権を保障されることを意味する。なお、自ら真理と信じ行う研究教育の結果、刑罰法規に明白に違反するなどの場合は例外として、(7) 一方的に解雇されないといういわゆる身分保障も含まれよう。(8) そしてこれは、私立・国公立大学の区別なく保障されるべきである。

但し、国公立大学教員については、教育公務員特例法が規定するように、(9) 大学の管理機関（評議会）の審査結果によればその意に反そうとも免職され得る、と解されている。もっとも、これは評議会にまったく自由な判断を許すものではなく、当然に評議会は研究教育の見地よりの慎重な審査を行わなくてはならない。(10) また、私立大学は国公立大学と目的を同じくする研究教育機関であるから、(11) 契約自由の原則は尊重されるべきとしても、教員の自由な活動を保障するための配慮というものは、私立大学においても基本的に妥当する。(12)

つまり、大学の自治の理念は、外部勢力との関係においてみならず各構成員と大学との関係においても、考慮され尊重されなくてはならない。(13) 例えば、大学審のいう学長・学部長の権限強化の必要性は、個々の研究・教育従事者の「自由」と対立するものであってはならない。

（1）「大学における学問の自由を保障するために、伝統的に大学の自治が認められている」（ポポロ事件・最判昭三八・五・二二刑集一七巻四号三七〇頁）。
（2）佐藤幸治『憲法（第三版）』（青林書院、一九九五年）、五〇九頁参照。
（3）奥平康弘『憲法Ⅲ』（有斐閣法学叢書、一九九三年）、二〇六頁参照。
（4）前二者を強調するものとして、前掲注（1）、ポポロ事件参照。なお、最高裁判所は、学問の自由は学問研究の結果を「教授する自由」を含むとして、ポポロ事件判決を実質的に変更した（旭川学テ事件・最判刑集三〇巻五号六一五頁参照）。また、前二者を中核とする教授会の自治及び管理運営における自治を挙げるが内容はいわばスローガンとするものとして、奥平前掲注（3）、二〇四頁参照。財政自主権を含めるものとして、山内敏弘＝古川純『憲法の現況と展望』（北樹出版、一九八九年）一九一頁。
（5）人事の自治が大学の自治の核心であることに異論はみられない。研究・教育従事者としての教員の人事（採用、昇任、免職、懲戒等）は勿論、学長・部局長の人事も自主的に決定されなければならない。この場合、個々の教員の実質的人事権をもつものは、研究教育の専門性を共通し、その運営の基本単位である教授会でなければならない（松井幸夫「学問の自由と大学の自治」ジュリ一〇八九号（一九九六）二一〇頁）。
（6）芦部信喜「学問の自由⑴」法教一五七号八一・八三頁参照。
（7）芦部・前掲注（6）八四頁参照。
（8）芦部信喜編『憲法Ⅱ』（有斐閣、一九八一年）、四〇一から四〇三頁参照。及び、阿部照哉＝池田政章編『新版憲法⑵』（有斐閣双書）二二六頁参照。
なお、学問の自由を憲法で特別に保障した法的意味は、学問という精神活動の担い手がおかれている現代的状況にあるとし、その中心的意味として学問・研究従事者の雇用関係を挙げるものとして、松井・前掲注（5）ジュリ一〇八九号二〇八頁参照。
（9）六条、二五条参照。

(10) なお、県立短大における任命権者に対する大学管理機関の申出に基づく分限処分について、「その申出が明らかに違法無効となるべき客観的事実が認められない限りその申出に覊束され、申出と異なる処分の選択とか申出の拒絶を行う権能は任命権者にはない」とするものがある(分限免職処分取消等請求事件・横浜地裁平成一〇・一・二七判決三四三・三四五頁)

(11) 「大学は、学術の中心として、広く知識を授けるとともに、深く専門の学芸を教授研究し、知的・道徳的及び応用的能力を展開させることを目的とする。」(学校教育法五二条)

(12) 佐藤・前掲注(2)五〇九頁参照。

(13) 教授会自体の権限が個々の教員の自由を侵害する可能性というものを最小化するには、「教授会での審議手段と共に、可能な限り多くの研究・教育従事者がその構成員となることが必要」と主張されている(松井・前掲注(5)ジュリ一〇八九号二一〇頁参照)

(3) 大学の自治と司法権

既述のように、大学の自治は決っして特権的権利ではないのであり、一般市民法の適用を受けることは言うまでもなかろう。とはいえ大学は、研究・教育を担う機関であるから、こうした特殊な機関としての自律性というものは、尊重されるべきである。

では、大学構成員の懲戒処分とか学生の処分などに対し、司法はどこまで介入できるのであろうか。言い換えると、司法審査はどこまで及ぶと解すべきであろうか。一般論としては、一般法の適用はこれらの場合にもあると言うべきことに異論はなかろう。よって、一般市民法秩序と直接の関係を有しない内部的な問題については、大学の自治を持ち出すまでもなく、大学という組織の自律性から当然に、司法審査の対象から除かれるべきである。(1) しかし、そういう場合を除くと当然にすべて司法判断の対象となる、と言うべきであろう。となると、大学という特殊な機関（組織）としての自律性を、機関の裁量権の範囲の判断において、司法権はどこまで考慮に入れるべきであろうか。

では、例として学生の処分等について考えてみよう。大学における研究・教育の自由にいうところの研究・教育の目的には、学生の選抜・卒業及びその決定が含まれると解されている。(2) 他方、大学の自治の主体はあくまでも大学での研究・教育従事者であり、学生の自由ないし自治は、これら主体の享有する自由や自治の効果として、反射的に与えられるにすぎないとされる。(3) だとすると、学生の処分等については、大学の自治の見地から大学当局がまったく自由に決定し得る、と解すべきであろうか。思うに、国公立大学の学生といえども、その在学関係は、私立大学におけると同様に、いわば非権力関係としての在学契約関係として把えるべきであろう。(4) とはいえ、学生が当然に有する市民法的権利の解釈においては、教育上の見地からの専門的な判断を認めるいわゆる教育的裁量権というべきものを、尊重することが必要であると考えられる。大学は、学生と直接かつ連続して接触しているのであって、処分の教育的必要性を評価するのに最も適した立場にある、と言えるからである。例えば、裁判官よりも、教育的見地からの処分の「必要性」及び処分該当事由の正確な内容について判断するには、原則として有利な立場にある。よって、大学の自治を特権的な法的権利と考えるべきではないとはいえ、教育的な意味をもつ処分や決定については、大学の自由な裁量の範囲を広げ、司法判断にあたってもその処分や決定を尊重すべきではなかろうか。但し、「学生」という身分自体に重大な影響を与えるような処分は、もはや「教育的な」意味はもたないと言うべきであるから、いわば裁量権を越え司法判断の対象となると言えよう。(5)

なお付け加えるならば、大学の裁量権の範囲は、実際にいかなる処分が問題となっているかにより異なり得るのであり、裁判所の監督を許す場合もあろうし、大学当局の自由裁量を許す場合もあろう。(6) また、大学の自由な裁量権の具体的な範囲は、一つ一つの具体的事件における異なった要素、例えば、その置かれた状況、対象となる事件、その背景等により異なり得る。

(1) 最判昭五二・三・一五 民集三一巻二号二三四頁参照。
(2) 芦部信喜編「憲法II」(有斐閣) 四〇四頁参照。
(3) ポポロ事件・最判昭三八・五・二二刑集一七巻四号三七〇頁参照。
(4) 佐藤司「富山大学単位認定事件」ジュリ増刊・教育判例百選(第三版)九一頁参照。
(5) 退学処分は勿論、停学処分に関しても、抗告訴訟の許容性を認める裁判例がある(無期停学処分事件・甲府地判昭四二・六・一五行裁例集一八巻五・六号七五九頁参照)。
(6) 自由裁量についてのヨーロッパ人権裁判所の判例は、参考になろう(拙著『国際人権法概論』(信山社、一九九四年)五八頁以下参照)。

三 情報公開制度

(1) 概 説

真の民主主義を実効あるものにするためには、行政による情報の独占を排し、行政が保有する情報を国民が共有することが、必要である。そしてそれに答えるために、広く行政が保有する情報に国民がアクセスし得る手段の確保の重要性というものが強調されるようになり、地方自治体レベルでは条例により情報公開制度が制定され、また、国法レベルでも情報公開法がやっと公布されるに至った。[1][2]

なおここに情報公開とは、いわゆる公文書公開制度と自己情報開示制度という、法的には異なる性質の制度による、情報の公開を意味する。[3] 両者は、行政を監視し権力の濫用から市民を守るために、行政の保有する情報への市民のアクセスを保証するという点では、共通している。しかし法的には、前者の情報公開は、憲法二一条（表現の自由）から導びかれる「知る権利」の積極的側面を、実体法上の権利として実現しようとするものである。[4] 行政の適正な運営の確保に重点を置き、政治への住民参加の一手段として位置づけられることから、「個人の権利・利益の保護を目的とするものではなく、公益的客観的法的な制度」[5]といえる。よって、個人情報などといった不開示事由として規定するもの以外は、原則として広く一般市民に対し、開示請求権を認めようとする。[6]

それに対し後者は、自己に関する情報を当該個人に開示し、誤った情報の訂正、削除に対する請求権を、保証するものである。つまり、憲法一三条が保障するとされるプライヴァシー権から導びかれる自己情報コントロール権の理念を、実体法上の権利として実現しようとするものであり、個人のプライヴァシーの保護を、直接の目的とする。そのため、本人よりの開示請求のみを認め、第三者への情報の流出を防ごうとする。

そもそも民主主義は、構成員の合意に基づく運営をその根幹とするから、情報の共有は不可欠であり、その意味では、情報公開は行政の国民への義務である、と言うことができる。しかしまたそれに留まらず、情報公開は、国民の行政過程への責任ある参加を促し、ひいては自己責任を負わせることにもなろう。つまり、情報の公開は、国民に対しても、単なる権利だけでなく真の民主主義実現のための責任をも、負わせるものと言える。

（1） 情報は、単にアクセス可能というだけではなく、容易にアクセスできることが重要である。宇賀克也「情報公開法の理論」（有斐閣、一九九八年）六頁参照。

（2） 正式には「行政機関の保有する情報の公開に関する法律」

（3） 「両者は基本理念を異にし、性質や法技術的対応において独自の考慮を要するものであって、別個の制度というべき」である。神戸地判平七・一一・二七行裁例集四六巻一〇・一一号一〇三三頁。

（4） 一五条の参政権も、その根拠となろう。

（5） 室井力＝紙野健二編著「地方自治体と行政手続」（新日本法規、一九九六年）、三頁。

（6） 一般的に情報公開条例においては、非開示情報とされるものには、(1) 法令秘情報 (2) 個人情報 (3) 事業活動情報 (4) 犯罪防止、捜査等情報 (5) 国等関係情報 (6) 合議制機関関係情報 (7) 機関内・機関間情報 (8) 行政運営情報 (9) 任意提供情報 (10) 議会その他 などに分類し得る。なお、自由人権協会編『情報公開条例の運用と実務（下）（新版）』（信山社、一九九八年）において、都道府県条例の詳しい分析がなされている。

(2) 公文書公開請求

憲法二一条により根拠付け得る「知る権利」からは、裁判により強制執行できる具体的な情報公開請求権を導びくことはできず、[1] これが具体的権利となるには、請求権者の資格、公開される情報の範囲、公開の手続や要件、救済方法等を定める法律（いわゆる情報公開法）の根拠を必要とする、と考えられている。[2,3] しかるに我が国においては、情報公開法はやっと公布されたにすぎない。[4] 現時点では未だ、地方公共団体の事務の範囲内にある情報の公開について、いわゆる情報公開条例により行われているのみにすぎないというのが現状である。とはいえ、現在こうした条例は、すべての都道府県及び多数の市町村において制定されている。[5][6]

では、こうした条例による情報公開請求権の創設の是非について、考えてみよう。条例は、地方公共団体が自治権に基づいて制定する自主法であり、憲法九四条にその根拠を有する。なお、ここにいう自主法とは、具体的には、条例は地方公共団体の事務（自治事務）に関する事項しか規律できないが、その範囲内では法律・命令等の国家法とは原則として無関係に独自に規定を設けることができる、ということを意味する。[7]つまり、地方公共団体において、新たなる社会事象に対し条例により規制を加える必要が生じた場合、法律等の存在しない場合条例制定の拠り所として、憲法を持ち出すことができるのである。[8]言い換えれば、条例という法形式により地方公共団体は、国家法に反しない限りにおいて、その管轄事項について規定し得るのであり、こうした条例により地方公共団体が保有する情報について、公開請求権が創設できると解することは、憲法九四条（地方公共団体の権能）及び地方自治法の一四条一項（条例）等からも肯定されよう。[9]

但し、条例といえども人権の規制に関する憲法の制約に服するのであり、地域及び事項の限定を別とすれば、法律の場合と異なる人権規制の基準は、憲法上定められていない。しかるに、現行の情報公開に関する諸条例によると、まず公開（開示）又は非公開（非開示）という行政処分が行われる。つまり、条例を解釈運用する実施機関が、憲法上の「知る権利」（公文書開示請求権）や「プライヴァシー権」（自己情報開示請求権）と、プライヴァシー（個人情報の保護）とか学問の自由（大学の自治）といった対抗的な憲法価値との比較衡量を、まず行わなければならない。[10]これについては、我が国の法治システムは、立法あるいは司法による憲法的価値判断に基づいて行政が判断を下すことを前提としているのではないか、[11]と言うこともできよう。

しかし、情報公開は健全なる民主主義社会の実現に不可欠であり、条例という法形式での実現が先行しているにすぎないこと、(12)条例の解釈・運用の最終的憲法的価値判断は裁判所が行うことからも、情報公開条例は我が国の憲法理念に反しないどころか、その今日的意義からはむしろ合するもの、と言えよう。

なお、こうした条例は、市民が主権者としての資格に基づき行政への参加及び監視（公益目的）を達成するために制定されるものと言うべきであるから、請求者が当該情報に対し具体的な利害関係を有するか否かを問わず、公開の是非を判断するものといえよう。言い換えれば、こうした条例は、個人の個別的な利益を保護することを本来の目的とする制度ではない、と言わざるを得ないであろう。

（1）但し、「抽象的開示請求権」は、厳として憲法上保障されていると理解されなければならない（横田耕一「行政情報公開・保護の憲法的根拠」春日市個人情報保護審議会専門研究会編『『知る権利』・『知られない権利』』（信山社、一九九六年）三五頁参照）。

（2）芦部信喜『憲法学Ⅲ』（有斐閣、一九九八年）二七一頁参照。

（3）但し、二一条を根拠として情報公開を求める裁判上の具体的請求が可能と考えるものもある（奥平康弘「政府保有情報の開示制度と憲法」法時六四巻一二号一二頁参照）。

（4）一九九九年五月七日に国会で可決され、五月一四日公布されたが、施行は公布から二年以内と附則で定められている。但し、この法律の制定により、条例も大きく変わるであろう。

（5）神奈川県において、昭和五七年一〇月一四日公布されたのが最初である。

（6）町村レベルでは、山形県金山町が昭和五七年三月一九日に、また、市レベルでは福岡県春日市が昭和五八年二月一日に公布したのが一番早いものである。

(7)　芦部信喜『憲法』（岩波書店）二八四、二八五頁参照。
(8)　猪野積編「新地方自治法講座(2)・条例と規則(1)」（ぎょうせい、一九九七年）五七頁参照。
(9)　同旨のものとして、渋谷秀樹「情報公開と知る権利」ジュリ憲法判例百選（第二版）一二九頁参照。
(10)　例えば、個人情報については、原則として個人識別情報は非開示とし、例外的に開示できる場合を明記するという方法が採られている。具体的には、例外に該当するものとして、「法令等で何人も閲覧できるとしたもの」、「公表を目的として作成、取得した情報」、「開示が公益上必要と認められるもの」などがあげられよう（例えば、東京都情報公開条例七条二号、神奈川県情報公開条例五条参照のこと）。
(11)　「知る権利」を具体的権利と考える立場の問題点として、この点を危惧する考えを述べるものがある（棟居快行「個人情報とその公開」ジュリ増刊「情報公開・個人情報保護」（一九九四年）、八五頁参照）。
(12)　もっとも、情報公開法が施行されても、地方公共団体が保有する情報には適用されないこととなるであろう（「地方公共団体の自律性を尊重し、地方公共団体に対して国の情報公開法を直接適用することはしない。」情報公開法要綱案第二六）。

(3)　自己情報開示請求

それに対し自己情報の開示請求については、憲法一三条のプライヴァシー権より生ずる自己情報コントロール権を根拠として具体的権利となり得るか、が問題となる。この点については、「固有情報に関するかぎり」と限定するとはいえ、この請求権の基にあるプライヴァシー権の性質から、憲法上の具体的請求権として位置づけるものもある。(1)しかし、自己情報開示請求権すなわち「自己情報の閲覧または訂正もしくは抹消の請求権、あるいは利用・伝播の抑制の請求権は、原則として法令の裏づけがあってはじめて具体的権利となるものであるから、法令の根拠もなく憲法一三条に基づいて当然に認められるわけではない(2)」から、法律や条例による具体化をまって初めて具体的請求権となる、と考えるべきであろう。しかるに、国家法レベルでは、「行政機関の保有する電子計算機処理に係る個人情報の保護に関する法律」（いわゆる個人情報保護法）が、一三条において電算化情報につき開示請求を認めているだけである。

条例レベルでは、この請求権については、情報公開条例中に規定されている場合も稀に見られる。[3] とはいえやはり、公開条例は、公衆一般に対しては個人情報は原則非公開とし、個人情報を本人との関係でどのように扱うかについては個人情報保護条例による定めに委ねている、と考えるべきである。[4] そして、最近ではこの請求権自体を制度化するものとしての個人情報保護条例が、徐々に制定されはじめてはいる。[5] しかし、自己情報コントロール権自体が新しく主張されてきた権利であることから、[6] 未だ自己情報開示請求権を明記した条例を持たない自治体が多く、今後の課題と言えよう。[7]

では、いわゆる公開条例における一般情報公開規定に基づく本人開示請求を、どう考えるべきであろうか。これについては、結論を留保する立場をとるものも多く、[8] また、下級審判例も、本人開示はあくまでも個人情報保護制度で対応すべきであり公開条例の枠を越えるとして、否定すべきとする立場と、公開条例においても本人自身の開示請求であるからには、プライヴァシー保護の要請はなく認めてよいとする立場、に分かれているのが現状である。[9] しかし、行政機関保有の個人情報は原則不開示とすべきとはいえ、例外的に自己情報に関しては、本人開示請求にプライヴァシー保護の要請など存在しないといえること、これに答えることは個人の権利・利益の保護に重要であることから、後者が妥当と言うべきである。[10]

但し、個人情報が保護すべきプライヴァシーに該当するかどうかの基準としては、単に本人の意思だけを判断基準とするのではなく、公開に伴い生ずる利益（いわゆる公益）との比較衡量によるべきである。[11] 例えば、大阪府公文書公開条例は、個人識別情報中「一般に他人に知られたくないと望むことが正当と認められる」ものを絶対的非公開とする。[12] こうした非公開事由の一つである「プライヴァシー情報」の解釈に際しては、一般的には①保護法益が「実質的に保護に値する正当なもの」かどうか、②当該法益侵害の「危険性が具体的に存在することが客観的に明白」と言えるかどうか、③非公開による弊害はないか」「公開による有用性や公益性は」などを総合的に考慮し、[13] プライヴァシー権と知る権利との憲法レベルでの価値衡量を行うことが必要である。なお、比較衡量の手法は、行政側の利益を過大に見積る危険性があるから、「開示の目的利益」を考慮に入れることが必要である。

（1）　棟居快行「自己情報開示請求権の法的権利性」受験新報一九九五年七月号一一頁参照。
（2）　芦部信喜『憲法学II』（有斐閣、一九九四年）三八三頁。
（3）　例えば、「大阪府公文書公開等条例」一七条、「横浜市公文書の公開等に関する条例」第三章公文書の本人開示等。但し、これらの場合は、自己情報の開示は不十分とならざるを得ない。例えば、こうした情報公開条例に基づいて自己情報開示請求を行っても、個人情報（本人評価・診断等に関する情報）を適用除外とする規定に基づいて、通常公開されない。
（4）　同旨、米沢広一「教育個人情報の保護（下）」、法教一九三号（一九九六）、一一八頁。
（5）　現代的総合的なものとしては全国で初めて、一九八四年に福岡県春日市において制定された。
（6）　自己情報コントロール権については、芦部・前述注（2）三七八頁以下参照のこと。
（7）　個人情報保護制度が未整備の場合には、過渡的措置として情報公開制度の中で本人開示を認めるべき、とする考えも主張されている。例えば、情報公開法理論研究会「行政情報公開部報告（最終報告）の批判的検討」法時六九巻一号七二頁参照。
(8) 宇賀克也「情報公開訴訟判例の動向」法教二〇一号一二、一三頁参照。
(9) 松井茂記『情報公開法』(岩波書店、一九九六年)二二三頁参照。
(10) 例えば、情報公開に関し、原則公開、個人のプライヴァシー情報は例外的非公開、本人による開示請求は例外の例外として公開、とする判例がある(大阪高判平八・九・二七行裁例集四七巻九号九五七頁参照)。
(11) 同旨、平松毅『情報公開条例の解釈』(信山社、一九九八年)一二〇頁。
(12) 九条一号。
(13) いわゆる大阪府知事交際費訴訟・大阪地判平元・三・一四判タ六九一号二五五頁参照。

四　大学と情報公開

(1) 概　説

既述のように、公文書公開請求は、情報公開法が最近公布されたにすぎないため、現実には条例により実現されているにすぎない。また、自己情報の開示については、個人情報保護法が、「何人も……自己の処理情報については、……開示を請求することができる。但し、学校教育法に規定する学校における成績の評価又は入学者の選抜に関する事項を記録する個人情報ファイル……については、この限りではない(一三条一項)。」と規定するにすぎない。つまりここでは、自己情報開示請求権は認めているものの、教育情報はその対象外としている。但し、これは地方自治体が保有する評価情報の開示をまで禁止するものではないが(1)。よって、大学における情報の公開の請求は、情報公開法の施行を待つか条例に基づく以外には、何ら具体的な法的権利性を未だ有しないと言わざるを得ない。しかるに情報公開法は、第二条（定義）において、その適用対象を国の行政組織に限定しているので、「国立大学」のみがその対象となることとなる。そして、同法は行政機関の保有する情報の公開を原則とし、例外的に非開示とすることができる情報として、個人情報・法人情報・国家機密・公安情報・意思形成過程情報を限定列挙している（五条）。よって例えば、教授会議事録等のようなものは、意思形成過程情報に該当すると思われる。[2] それに対し条例は、「自治事務」に関し規律し得るのみであるから、その対象となる「大学」とは、「公立大学」を意味するものと限定せざるを得ない。もっとも、地方自治の基本原則は、「地方自治の本旨に基づいて」その運営等を行うことであるが、[3] 大学の自治との関係から、そもそも公立大学の運営等は「地方自治の本旨」といえるのか、言い換えれば、公立大学は条例の管轄外ではないのかという、根本的な疑問が存する。しかし、研究・教育に関する情報が「一般的行政情報」とはその性質を異にすることは首肯し得るとしても、例えば公立大学における組織・運営は、研究や教育を行うという目的を持つとはいえ、行政的・財政的側面においては、明らかに設置者たる地方自治体の「事務」に含まれる場合があり得ることも事実である。よって、大学の業務等を個別具体的に検討し、条例の規定の具体的適用解釈においてそれをどう考慮するかが、問題となる。

なお、条例に法的根拠を置く情報公開制度は、公開基準が各地方自治体により異なり得る。そこで本来は、国が情報コントロール権に十分配慮した立法を行い、それを踏まえて地方自治体が、その保有する情報についての個別規定を整備するというのが、あるべき姿と言えよう。

では次の(2)において、情報公開を国に先駆けて保証してきた条例では、大学における情報はいかなる扱いをうけているかを、見て行くこととする。

（1） つまり、条例において非開示事由とされている「法令等に基づき開示することができないとされている」場合に、但書を含めることはできない。

（2） 次の(2)「条例と公立大学の情報」で触れているように、条例では、合議制機関については、その機関が一般的に議事録等を非公開と決定すれば、例外的に非公開とすることを認めるものがあるが、五条はそのような一般的例外事由は認めなかったため、教授会議事録等についても個別に非開示の是非が判断されなくてはならない。松井茂記、「情報公開法五条」ジュリ一一五六号五二頁参照。

（3） 憲法九二条、地方自治法一条等。

(2) 条例と公立大学の情報

学問の自由の中心たる学問研究については、それが内心的精神領域の営みに留まる限りは思想良心の自由により絶対的に保障される。しかし例えば、研究成果の発表や講義といった外部に向い行われる活動とか教育に関する活動については、こうした（絶対的）保障が無いことは言うまでもない[1]。よって、これらに関し条例に基づき開示請求がなされた場合は、まさに条例解釈の問題として考える必要が出てくるであろう。では、条例では具体的には、いかに規定されているのであろうか。

現行条例は、大学における情報に関し明文をもって規定しているタイプと、何ら特別の言及をしていないタイプに分類できる。

前者のタイプとしては、公文書公開条例中に、教授会議事録等は非公開と決めることができる、と規定するものがある。例えば、東京都公文書公開条例は、実施機関が公開しないことができる公文書を一般的例外事由として列挙し、その中に大学の教授会及び評議会における情報を含むと明記していた[2]。（なおその後、東京都情報公開条例が新たに制定されている。[3]）熊本県や名古屋市及び京都市の公開条例も、同種の規定を置いている。[4] 又、一般的に行政運営情報は非公開と規定する条例が多いが、そこにおいて明文をもって「大学」に言及しているものもみられる。例えば、開示しないことができる公文書として「大学の教育若しくは研究の自由が損なわれるおそれがあるもの」を、東京都条例は規定していた。[5]

後者のタイプは多数を占めているのだが、これには①教授会議事録等について明記してはいないが、公開条例の条文解釈・運用上公文書非開示事由に該当する、と解されているものがある。例えば、「京都府情報公開条例の解釈・運用基準」によると、五条五号（合議制機関等の会議に係る情報）の解釈運用から、府立大学教授会会議録は非公開にできると解されている。[6] なお、大阪市や横浜市の公開条例も同種の規定を置いている。[7] 又、②個人情報保護条例中に、大学における個人情報を特定してはいないが、個人情報一般を非公開と決めることができる、と規定するものがある。例えば、大阪市個人情報保護条例は、実施機関が個人の評価、選考、試験等に関する個人情報は開示しないことができる、と規定している。[8] なお、名古屋市や大阪府の保護条例も同種の規定を置いている。[9]

但し、後者のタイプの条例については、大学における情報が、非公開事由に当然のごとく該当すると解すべきか否かには、議論の余地がある。[10]

（1）　山内敏弘＝古川純『憲法の現況と展望』（北樹出版、一九八九年）、一八九頁参照。
（2）　九条六号
（3）　なお、平成一一年三月に制定された「東京都情報公開条例」によると、旧条例九条六号は削除され、七条六号（へ）に、非開示情報として独立して「大学の管理又は運営に係る事務に関し、大学の教育又は研究の自由が損なわれるおそれ」として規定されている。

(4) 各々、八条七号。九条四号。八条六号。

(5) 九条八号。なお、新条例では、前述注（3）の七条六号（へ）にまとめて規定されている。

(6) 同基準書二五頁参照。

(7) 各々、六条七号、九条一項五号。

(8) 一七条二号

(9) 各々、一七条、一四条。

(10) 公開条例の公文書の本人開示の条文を根拠として、国及び横浜市に対して、横浜市立大学の入学試験の成績の開示を求める訴えがなされている（「公文書非開示処分取消等請求事件」平成七年［行ウ］第一九号横浜地裁平成一一年三月八日判決。なお、同判決は、大学の自治の尊重の見地から請求を棄却したため、同年同月一七日原告控訴。平成一二年三月三〇日東京高裁は、控訴を棄却した）。

(3) 大学の情報公開

大学における情報には、その内容や性質がかなり異なるものがある。例えば、個人情報とそれ以外の情報といった分類や、自己開示請求の対象としての情報と一般的開示請求の対象としての情報といった分類も、可能であろう。また、教育・研究に密接に結びつく情報と大学の組織や財政に関するもので機関の維持に関する情報や、どこが保有しているかによる分類とか、誰から（市民、教員、職員、学生、卒業生等）の請求かによる分類なども可能であろう。

こうした多岐に渡る情報の公開については、学問の自由の中心的存在たる学問研究の自由をいかにして守るかという視点から、いかなる情報をどこまで公開すべきかを、個別具体的に吟味していく必要がある。そして、この場合忘れてはならないことは、本来真理の追求をめざし自由闊達に行われるべき学問研究に安易に外部の干渉を許すならば、しばしば外部の目を意識し何らかの自己規制を行うといった、萎縮効果（チリング・エフェクト）を生むという点である。もっとも、この点を指摘するからといって、決っして、大学の自治を掲げることにより情報公開の抑制を正当化しようとするものではない。

とはいえ、大学の自治は、学問研究の担い手である大学の研究・教育従事者が、外部勢力からの干渉を許すことなく、あくまでも大学の自律性を重視し自己決定権を貫き、教授会等の機関に拠って大学を管理運営していくことにより、担保されることは言うまでもあるまい。

よって、司法という外部権力による大学の情報の公開の是非についての判断は、開示がもたらし得る損害の評価と公共の利益の保護の必要性のバランスの問題といえよう。そして、この判断の基準は、情報公開条例の個人識別情報の非公開判断のそれ（本文三(3)但書）とは、若干異なるものとなるべきであろう。つまり、情報公開により予想される大学の損害の評価（但し、あくまでも教育・研究にとっての損害を考えるべきだが）と、公開により得べかりし公共の利益（但し、公益には「個人」の知る権利を含む）との、実質的な利益衡量が強調されるべきであろう。なお、ここに「公益」とは、あくまでも「情報公開制度」が追求する目的に照らし保護される具体的な「公益」でなくてはならないことは、言うまでもあるまい。それに対し大学の損害には、実質的な損害のみならずそれが萎縮効果を与える蓋然性が高いのであるならば、抽象的損害であっても含めるべきであろう。(1) つまり、大学の損害の評価については、ある程度の類型的判断が必要となろう。

例えば、退学処分の決定を下した大学機関の議事録公開については、学生の身分喪失に関する場合であり、訓戒などの教育的な意味をもつ学生に対する処分と異なり、教育関係の解消を意図するものであるから、大学による一方的な自由裁量による処分は許されまい(2)。よって、その情報の公開による公益は大と言えよう。では、入試得点の自己開示請求(3)といった場合、入試得点の開示により被る大学の損害と、それにより得る学生の利益の衡量は、いかになすべきであろうか。言い換えれば、教育現場における信頼の回復の必然性とか、入試の公正・適正の確保といった、開示の利益をどう考慮するべきであろうか。これについては、入試得点という限定された評価の開示により得られる利益と、大学の教育目的にとり損害が発生する「危険性」を、衡量する必要があろう。そして、この「危険性」の判断には、既述のように、大学の教育の自由に密接に関連する概念としての「危険」という点に留意しなくてはなるまい。なお、個人利益について考えると、入試得点といっても、合格者よりの開示の請求なのか、不合格者よりの請求なのかという点も、利益衡量において考慮せねばなるまい。例えば、不合格者の訂正権の保護の必要性は、合格者のそれよりも大である。それに対し、合格者については、得点開示により何らかの序列化が学生間に生ずる危険性が出てくることにより、大学教育に弊害が生じ得ることが考えられるが、不合格者についてはこうした懸念は生じない。

以上の例に挙げたような諸点を考慮し、大学における情報の公開の是非は決定されるべきである。そして、こうした決定を大学の自律的判断にではなく外部の判断に全面的に委ねるならば、容易に外部の介入を招くこととなり、大学の自治が侵害される恐れが出てくるから、たとえ裁判という公権力作用により決定される場合でも、その判断は慎重でなくてはならない(4)。とはいえ、大学の自治の見地から開示請求を拒否することが正当化され得るかどうかは、言うまでもなくひとえに、それが教育的・社会的正当性を有するかどうかにかかっていることは、忘れてはなるまいが。

（1）デュー・プロセスの要件が適用されるかどうかの決定のためには、危険に曝される利益の「重さ」にではなく「性質」に目を向けなければならないとして、大学の利益と処分された教員個人の利益とのバランスを衡るいわゆる利益衡量論をとった下級審の考えを否定した、米国最高裁判所判決は参考になろう（Board of Regents of State Colleges et al. v. Roth, in The Constitutional Status of Academic Tenure, ed. W. P. Metzger（1977), pp. 564-92 参照)。

（2）退学処分については、学校教育法施行規則一三条が、退学処分を認めるべき事由を列挙している。

（3）いわゆる横浜市立大学入試得点開示請求訴訟、前掲四(2)注(10)参照のこと。なお、国立大学協会は、一九九九年六月入試成績を本人に開示する方針を固めた。

（4）教育関係情報はまさに教育上の配慮を要するが、これについては「大学」自身が最も良く知り得る立場にあるのであり、不開示事由該当性を争う場合はその点を考慮しなくてはなるまい。但し、こうした「教育関係情報」の特性を論じる法学的有用性は、「個人情報保護と自己情報の開示」要求に際し存するとし、「非個人関係情報」や「教育行政関係情報」の公開請求については、むしろ教育の「国民に対する直接責任」(教基一〇条）原則のもつ「開かれた教育」・「公正な教育過程」こそが強調されるべき、とするものがある（石村善治「教育と情報公開」ジュリ増刊・情報公開・個人情報保護三九頁参照)。

五　結　び

大学の自治は、大学が学問的責任を果すための独立性維持の必要性に立脚するのであって、決して外部の干渉を排除する錦の御旗ではない。言い換えれば、「大学」といえども一般法秩序の中にあるのであり、原則として争い事はすべて司法判断の対象となり得ることは言うまでもあるまい。大学の果してきた、そしてまたこれからも果すであろう、学問・研究への貢献及び役割から、大学の自治の保障が与えられるに過ぎない。とはいえ、今日のような混沌とした社会においては、既存の秩序の崩壊に伴い新しい秩序や価値の創造が求められている。こうした現状を踏まえるならば、歴史的に新しい知識を生み出してきた大学における学問の自由の必要性は、一層強調されるべきであろう。外部の干渉が学問・研究にとりいかに有害かは、歴史の教えるところである。よって、情報開示請求の目的が、例えば研究情報の開示請求といったまさに情報そのものの場合であれ、処分に関する情報の開示請求のようにその情報は二次的意味を有するにすぎない場合であれ、当該情報の開示が大学の学問・研究にとりいかなる意味をもつかについては、司法権を含め外部権力が判断するに際し慎重に衡量されなくてはならない。

もっとも、だからといって決して大学における情報の公開の価値を軽視するわけではない。情報公開は、大学が健全に運営され、学問・研究の自由が一層保障されるためには不可欠といってよい。もし大学が、情報公開という時代の要請に答えることなく特権的地位に安じるならば、公開請求の是非の衡量に際し、公開の利益はより大となるであろう。学問の自由に対する大学の責任を果すために、研究・教育活動に従事する者には、学問に対し、また大学に対し、不信感を起こさせないよう、自助努力が求められているのである。

なお、今日の大学は果断なる改革を必要としているが、大学自身が単独でこうした改革を行うことの困難さは、大学に身を置く一人として実感するところである。こうした改革は、まさに外部の、言い換えれば世論の、強力な後押しがあってこそ可能になると言ってよかろう。また、大学内部の人々による情報の共有も、改革への重要な武器となる。つまり一言でいえば、大学における情報の公開とは、情報の共有による透明性をもった組織運営の達成と構成員の責任の分担の再確認といってよいであろう。

3 日本の司法制度の現状と裁判官
——民事訴訟を中心として——

菅野博之

一　裁判所

1　地方裁判所、家庭裁判所と簡易裁判所

我が国の第一審裁判所は、ごく一部の例外を除き、地方裁判所、家庭裁判所又は簡易裁判所である。市民が紛争を司法的に解決しようとする場合にまず利用する役所はこの三つであり、最も市民に身近であるとともに、最重要な裁判所であるといえる。新受事件数も、平成一〇年の概数では[1]、最高裁判所が約四、九〇〇件、高等裁判所が約三万三、〇〇〇件であるのに対し、地方裁判所の民事・行政事件が約一〇九万件（訴訟は一六万四、〇〇〇件）、家裁の家事事件が約四九万件、簡易裁の民事事件が約一八五万件（訴訟は三一万五、〇〇〇件）に上っている。

2　第一審の民事訴訟手続

㈠　民事訴訟の進み方

我が国における従来の第一審の民事訴訟の典型的な手順は、① 請求の趣旨（被告に請求する金額や行為等）及び請求原因（その請求権の発生する根拠）を記載した訴状の裁判所への提出、② 書記官次いで裁判長による訴状の点検と審査、③ 第一回口頭弁論期日（訴状受理から一箇月後程度）の指定と被告への訴状及び呼出状の送達、④ 法廷（多くの事件は裁判官一人であるが、地方裁判所では、裁判官三人の合議体による場合がある。）での第一回口頭弁論期日における訴状及び被告の答弁書の提出ないし陳述と双方の都合を聞いての

次回期日（一ヶ月程度先のことが多い。）の指定、⑤第二回以降の期日における双方の主張を記載した準備書面の陳述と書証の提出、⑥数回の期日を経て争点整理が完了した時点で、和解勧告又は必要な場合は人証（当事者本人、証人等）の尋問の決定（尋問期日は一～三箇月先のことが多い。）、⑦和解又は人証の尋問、⑧和解成立による訴訟の終了又は最終準備書面の提出後に判決言い渡し期日の指定（一ヶ月程度先のことが多いが、複雑な事件では二、三ヶ月先になる。）、⑨法廷における判決の結論の告知と理由を記載した判決書の送達、というものであった。もし、人証調べを行って判決すると、標準的には訴状提出から一、二年程度かかることが多かった。

㈡　従来の民事訴訟手続の問題点

前記のような手続には、どの事件でも、訴状提出後おおむね一ヶ月程度で裁判が開始し、裁判官の審理を受けることができるというメリットがある。英米のような集中審理制を採ると、訴状を提出しても順番待ちになるので、一年あるいは二年も待たなければ、裁判官の審理が開始しないおそれがあるのである。また、一人の裁判官が多数の事件を並行審理することができるというメリット(2)や、当事者が何度も主張や証拠を見直し、手続の経過を見ながら方針を考慮したり和解の機会を待つことができるというメリットもあった。しかし、その反面、これまでのようないわゆる五月雨式の審理では、期日が細切れになるため能率が悪い上、裁判官が多数の訴訟記録を何度もチェックしなければならず、裁判官の負担が非常に過大になること（我が国の裁判実務を調査した外国裁判官のよく指摘するところである。）、また、各期日においても、書面の提出のみで数分で終了することが多く、実質的な争点整理がなかなか行われない上、当事者の都合を聞いて弁論の続行期日を指定していくため、争点整理に時間がかかりすぎること、さらに、人証調べも、多数の事件を並行審理するため、一回一、二時間の尋問が二、三ヶ月を経て何度も繰り返されることがあり、審理が遅延すること、また、不必要な尋問やむやみに長時間の尋問も多いことなど、多数の問題点の存在が認識されていた。

筆者も、民事法廷に学生の傍聴を得て、質疑応答をした際に、法廷では、ただ次回期日の打ち合わせをするだけなのかとか、次回期日が一ヶ月先になったのは、何か特別の事情があったのかなどと尋ねられ、がく然としたことがあった。確かに、弁護士が陳述しますと一言述べただけで、次回期日の調整に延々と時間をかける事件もあり、それでは、何のための法廷の手続なのか本末転倒であると言われても仕方ないところであろう。従来、裁判官と弁護士との間では、当然に一ヶ月先の期日を提案したり、裁判官が何か質問すると、調査のため更に先の期日を希望することにも、何の違和感もなかったわけである。しかし、利用者の側からみれば、極めて重要な問題であるからこそ裁判しているのであろうから、翌日に延びるだけでも何かの理由があるのであって、ましてそれが数日後、あるいは二週間後でもなく、一ヶ月後、二ヶ月後であるというためには、特別な理由があるはずであると考える方が、健全な常識というべきであろう。また、我が国の訴訟実務では、訴訟開始後、少しずつ主張を明らかにし、逐次証拠を提出することがよく見られる。しかし、通常、当事者は、訴訟前に既にいろいろ検討したり交渉したりしているはずであって、主張や証拠も存在するはずなのであるから、なぜ、それが半年、あるいは一年以上たっても、裁判に十分提出されていないことがあるのかという点も、一般人の理解を得られないところと思われる。このように考えると、従来の期日指定と裁判の進め方は、法律家以外には了解してもらえないものであるかもしれない。なお、当事者が裁判所になぜ今日の期日を延期したのかと抗議に訪れ、調べてみると、その当事者の弁護士が延期申請したためであるなどということもあるが、裁判は遅いものであるとか、遅延は裁判所のせいであるなどと当事者等に説明する、法曹界にかなり広がっている習慣は、司法全体の利用者を減らすだけであって、このような習慣からは脱却すべきであろう。

総じて、従来の裁判手続は、能率と迅速さの点で、現代社会のニーズに適合しておらず、そのためにコスト・パフォーマンスも低い状況にあったといえる。そのため、基本的なところで、利用しやすい裁判所とは言い難い面があったといわざるを得ないであろう。

3　利用しやすい裁判所とする努力

(一)　手続の改善と新民事訴訟法の施行

このような問題点や、時代の変化に伴い、以前からあった個々の裁判官あるいは各裁判所ごとの実務運用上の工夫が、昭和六〇年代から、さらにドラスティックなものになり、その研究や発表等も盛んとなり、運用の改善が進んでいった。(3) 特に、弁論兼和解等と称し、準備室や和解室等で、時間をかけ、いわばひざをつき合わせて、事案の内容や争点を話し合い、争点整理を進めるとともに和解の可能性も探る手法が増加し、また、証人尋問の計画化、合理化や一日又は短期間で全人証を調べる集中的証拠調べも増え始めた。また、争いの少ない部分や計算関係等の立証及び証拠の事前開示や争点整理等のための陳述書の活用も増加していった。筆者も、関係者に余り負担をかけずに、とにかく主張や証拠を早期に開示してもらい、いわばトランプカードをテーブルの上に開いた（カード・オン・ザ・テーブル）の状態で議論をし、できるだけ早く紛争を解決するため、弁論兼和解や、和解、集中的証拠調べ、陳述書の活用等種々の方策を執っていた。(4)

そのような状況の中で、運用の改善が進むとともに、実務と旧民事訴訟法の条文とのずれや、各地域ごとの差異も目立つようになってきた。そのため、大正時代以来、全体的な改正を経ておらず、現状とのミスマッチが目立っていた旧民事訴訟法の改正が期待されたわけである。平成八年に、それまでの実務上の運用改善結果を採り込む形で新民事訴訟法が成立し、同九年に新民事訴訟規則も制定され、いずれも同一〇年一月一日から施行されている。新法下では、一審において、主張及び証拠の早期提出、争点整理の充実、集中的証拠調べ等が目指されており、弁論兼和解に代わる争点整理や打ち合わせの場として、準備的口頭弁論、弁論準備手続、書面による準備手続、進行協議期日等の新たな手続が用意されたほか、テレビ会議や書面による証人尋問、宣誓供述書の制度等も新設され、一、二回の出頭で済む少額訴訟の手続も導入されており、いわば、活用すべき道具はほとんどそろえられたということができる。(5)

また、以上のような手続面の新たな手段だけではなく、簡易裁判所の統廃合や人口急増都市での新設、大都市での裁判官増員等による人的資源の効率的活用、裁判所庁舎の改築等による利用しやすい施設への改善等も行われている。新築の庁舎では、明るい建物で音楽の流れているような施設も現れており、相談窓口の拡充も進められ、家庭裁判所では、平成九年には無料の家事相談が三四万件にも達している。簡易裁判所でも、本人が一人で相談に来ても、督促手続や少額裁判等が行えるようなパンフレットや相談窓口が整えられている。

㈡　専門化

裁判官は、原則として、弁護士と異なり専門を持たないジェネラリストである。しかし、裁判所組織自体は、大規模庁を中心に、近時、専門化が進んでいる。東京地裁では、民事部だけでも現在五〇部もあり、行政、労働、知的財産権、手形、交通、商事、執行、保全、破産、調停・借地非訟という一〇種類の専門部が設けられている。そのような専門部では、当該分野についてのレベルの高い事件処理と、その専門領域のマニュアル的な実務の研究、紹介等に向けて努力が続けられている。

㈢　事件数の動向

民事・行政事件総数の動向[6]は、昭和三〇年代、四〇年代には一〇〇万ないし一三〇万件程度で安定していたが、同五〇年ころから増加に転じ、同五九年に二五〇万件を超え、その後好景気の影響もあって一時減少したものの、平成三年から再び増加に転じ、現在は、同九年が約二六八万件、同一〇年が約二九八万件と増加している。家事事件も、同八年が約四三万件、同九年が約四五万件、同一〇年が約四九万件であるから、やはり増加傾向にある。また、一般人が裁判と考える範囲に分類されるであろう訴訟事件、調停事件及び家庭裁判所の乙類審判事件だけを見ても、同一〇年で、総数約八六万件が受理されている。この数字は、アメリカ（千数百万件）や英独仏（一〇〇万から二〇〇万件台）等より少ないものの[7]、例えば裁判所外の紛争解決機関（ＡＤＲ）[8]である弁護士会の仲裁センターや特定分野の紛争審査会等が目覚ましい発展をみているとはいっても、いずれも、年間数十件から数百件程度の事件数であることと比較すれば膨大な数であり、裁判所の役割の大きさはいうまでもないところであろう。

4　裁判の迅速さ

我が国の民事裁判は、訴訟遅延が深刻であるといわれており、既に触れたように、訴訟進行のスピードが現在の社会のニーズに合っていないことは明らかであろう。ただし、他の欧米諸国に比べて極めて遅いというコメントは、不正確である。我が国の民事訴訟は、平均をみれば、イギリス、アメリカ等の英米法系諸国よりも、むしろ迅速であり、ドイツ、フランス等の大陸法系諸国と比べれば、地方裁判所では我が国の方がやや遅いが、簡易裁判所では我が国の方が早いという状況にある。(9) しかし、前記のように、全事件をいわば横並びで審理しているため、医療過誤事件や特許事件のほか一部の行政事件、労働事件等の複雑な事件や、公害事件等の大型訴訟について遅延が目立ち、そのため、全体として訴訟遅延のイメージが強く定着しているものと思われる。要するに、アメリカ等では、新聞に載るような事件については、できるだけ先に処理されることが多いのに、我が国では、むしろそのような事件については、時間が掛かるのである。実際には、平成九年度の統計では、地方裁判所（五〇庁）における既済事件の平均審理期間は約一〇ヶ月、簡易裁判所（四三八庁）では、平均二・四箇月である。もっとも、前記のような事情から、地方裁判所では、三年以上経過した事件が八％もある点や、控訴、上告をして最高裁まで争った場合の平均が約四年九ヶ月と長期である点が問題である。簡易裁判所は、平均値が短い上、一年を超える事件は一％以下であり、かなり迅速な審理が達成されている。

ちなみに、アメリカの州裁判所における主要な事件である不法行為訴訟の平均審理期間は約一四ヶ月、三年以上経過事件が約一四％であり、英国のハイコート（二四都市で開廷）の平均審理期間は約三年、カウンティコート（二七〇庁）が約一年七ヶ月と、我が国よりも長期化している。ドイツの地方裁判所（一〇八庁）の平均審理期間は約七ヶ月、フランスの大審裁判所（一八一庁）の平均審理期間は約九ヶ月と短いが、事件の内容が相対的に簡単なものが多数を占めていることなども勘案すると、我が国と大きな差はないということもできよう。

5　高等裁判所

高等裁判所は、東京、大阪、名古屋、広島、福岡、仙台、札幌、高松の八庁がある。主に地方裁判所からの控訴事件を審理し、そのほか、選挙、特許、海事等の一定の事件につき、一審として裁判をする。通常、三人の合議体で審理する。

重要な点は、事実審の最終審であるということ、すなわち、事実認定については、高等裁判所が争う最後の機会であるということである。三審制といっても、同じことを三回繰り返すというのでは、非効率であってコスト・パフォーマンスに合わない上、時間が掛かり、かえって権利の救済の障害になる。そのため、事実認定は地方裁判所が中心であり、高等裁判所は、法令の解釈適用の争いが主であるが、同時に地方裁判所における事実誤認を正す役割も担っているのである。

6　最高裁判所

㈠　法律審

最高裁判所は、憲法判断並びに重要な法解釈及び判例の統一を図る裁判所である。地方裁判所及び高等裁判所と同じことを繰り返す裁判所ではない。新民事訴訟法になって、上告と上告受理申立てという二つのルートが設けられたが、上告は、憲法違反、理由の不備・食違い等の一定の限られた理由によらなければ行うことができず（民訴法三一二条）、上告受理申立ても、原判決が最高裁判所の判例等と相反する場合など、法令の解釈に関する重要な事項を含むときに限り受理されるものである（民訴法三一八条）。このような仕組みにより、真に重要な事件に最高裁判所の審理を集中させることが予定されている。しかし、従来から、実質的には、事実認定を非難したり、一、二審と同じ法令違反の主張を繰り返すだけの上告が多かったところ、現在でも、残念ながら、そのような事案もかなり多い。新民事訴訟法の趣旨及び三審制の意義は、まだ十分理解されているとはいえないであろう。

㈡ 裁判部

最高裁判所の組織は、裁判を行う裁判部と司法行政を担当する事務総局のほか、司法研修所、裁判所書記官研修所、家庭裁判所調査官研修所及び最高裁判所図書館に分かれている。

裁判部は、三つの小法廷を構成する一五人の最高裁判所判事、秘書官、調査官室、大法廷及び三つの小法廷を各担当する四つの書記官室、訟廷事務室等からなる。事件記録の管理や当事者との連絡、訴訟関係書類の作成、法廷を開く場合の立ち会い等は書記官室が担当する。事件記録、関係法令、判例、学説等の第一次的な調査、検討は主に調査官が担当する。事件の受理や判決書作成、調査官の補助等の事務は主に訟廷事務室が担当する。調査官の報告書提出後、原則として五人の最高裁判所判事による小法廷が、検討、審議し、場合によっては、追加調査を命じたりした上、判断内容を確定し、判決又は決定を行うわけである。

なお、調査官（正式には「裁判所調査官」）は、民事調査官、刑事調査官及び行政調査官に分かれている。民事調査官は、民事上席調査官を含めて一六人で、うち二人は知的財産権事件を主に担当している。刑事調査官は、刑事上席調査官を含めて九人である。行政調査官は行政上席調査官を含めて五人であって、行政事件、労働事件及び国家賠償請求事件のうち一定のものを担当している。さらに、調査事務を統括する首席調査官一人が配置され、また、調査事務等を補助する調査官室付きの判事補若干名が置かれている。我が国の調査官はアメリカのロー・クラーク制度におけるものとは異なり、特定の小法廷又は裁判官に専属せず、順次各事件が各調査官に配点され、全件の調査をするものである。また、若手法律家ではなく、中堅の裁判官が配属されている点でも差異がある。現在の在籍者は、首席調査官を除き、おおむね裁判官歴一〇年から三〇年程度の者である。

㈢　事務総局

事務総局は、司法行政を担当する部署である。他の役所と同様の行政事務を行ういわゆる官房局と裁判所特有の事務を行っているいわゆる事件局とがある。官房局には、総務局、人事局、経理局、秘書課、広報課等がある。近時は、裁判事務のコンピューター化等を進めている総務局内の制度調査室や広報課の拡充が目立つところである。事件局は、民事局、刑事局、行政局、家庭局の四局である。司法に関する立法、規則、制度改革等の調査・検討・立案のほか、法令の調査研究、特殊事件の判例集や裁判官用実務資料等の作成、各種協議会の実施、専門情報の照会回答等、適正、迅速な裁判を助けるためのいわば後方支援活動を行っている。

なお、我が国の特色として、裁判官による司法行政の主導を挙げることができよう。各局課の局長、課長、参事官、局付の多くは、裁判官が充てられている。外国では、大陸法系の国はもちろん、英米法系の国であっても、司法行政が行政官にゆだねられている場合が多く、筆者の私見では、それらと比べれば、我が国の方が司法権の独立の実効性が確保されているように思われる。なお、法務省についても、民事局、訟務局等、裁判に関係する部局の幹部には、裁判官が転官の上出向していることが多い。

（1）　最高裁判所事務総局「平成一〇年裁判統計速報（概数）」裁判所時報一二三九号（平成一一年四月一日）

一九頁による。

(2) 地方裁判所の民事訴訟担当裁判官は、一般に、常時一〇〇件ないし三〇〇件程度の事件を受け持っている。争点整理段階では、一日、一〇件ないし二〇件程度審理することもある。

(3) 民事訴訟実務の運用改善の動きやその成果についての文献は、極めて多数ある。全般的な実務の動向を知るには、篠原勝美・中田昭孝・吉川愼一・瀬戸口壯夫『民事訴訟の新しい審理方法に関する研究』司法研究報告書四八―一(法曹会)、東京地裁民事研究会シンポジウム「民事訴訟の審理の充実について」判例時報一三三六号七頁、最高裁判所事務総局編『民事訴訟の運営改善関係資料』民事裁判資料二〇七号(法曹会)、同編『民事訴訟の運営改善関係資料(2)』民事裁判資料二〇八号(法曹会)等が最適であろう。

(4) 筆者の進めていた訴訟運営方式については、「弁論兼和解と集中的証拠調べ―札幌地方裁判所における実情と私見」(判例時報一五一三号二六頁)の中で概説している。また、陳述書の活用については、「イギリスにおける訴訟改革と我が国の実務についての雑感―合理的集中審理と陳述書の活用を中心として」(判時一六二四号二三頁の五章以下)で、私見を述べている。

(5) 新民事訴訟法施行後の実務の状況についての文献も多数発表されている。最近の問題状況を知るには、東京地裁・東京弁護士会・第一東京弁護士会・第二東京弁護士会「新民事訴訟法・規則の運用に関する懇談会(一)ないし(六)」(判時一六五六号、一六五七号、一六六〇号、一六六五号、一六六八号及び一六六九号所収)のほか、園尾隆司「新民事訴訟法の運用の実情とその検証」自由と正義一九九八年九月号九四頁等が分かりやすい。

(6) 我が国では、諸外国に比べて司法統計が詳細であり、毎年、「司法統計年報」が公表されているほか、主要な数値については、裁判所時報に速報が掲載されている。本稿**3**及び次稿**4**における我が国の裁判についての統計数字は、これらに基づくものである。

(7) 欧米における最近の民事訴訟の動向については、河邉義典・三村量一・菅野博之・野山宏・林道晴「ヨーロッパにおける民事訴訟の実情(上)、(下)」及び大鷹一郎・古閑裕二・森英明「アメリカにおける民事訴訟の実情」(いずれも法曹会)が、分かりやすい文献である。また、各国の比較については、「世界の裁判所」海外司法ジャーナル別冊一九九五年(最高裁判所判例調査会)も、便利な文献である。

(8)　ADR機関については、ようやく整備が進み始めており、その利用者も大きな増加をみている。近時の動向については、ADRの先覚者である原後山治弁護士による「弁護士会のあっせん・仲裁センターの現状とADR機関・裁判所の機能充実方策」民事法情報一四四号二頁のほか、田島純蔵「裁判所外の紛争処理機関とその在り方」自由と正義一九九九年四月号一一二頁が詳しい。

(9)　外国の状況については、前掲「ヨーロッパにおける民事訴訟の実情(上)、(下)」及び「アメリカにおける民事訴訟の実情」に概説があるほか、各国の司法統計も公刊されている。

二　裁判官

1　裁判官数

我が国の裁判官数は、平成九年度で、約二、九〇〇人、人口一〇万人当たり二・三人である。このように裁判官数の少ない先進国は、イギリスの概算約一、四二〇人[10]、人口一〇万人当たり二・七人くらいしかなく、最も裁判官の少数精鋭を貫いてきたといわれるイギリスよりも若干少ないレベルにある。他の国は、ドイツの約二万一、〇〇〇人、人口一〇万人当たり二五・六人、スウェーデンの約一、六〇〇人、人口一〇万人当たり一八・九人(ただし一九九一年)、アメリカの約三万一、〇〇〇人、人口一〇万人当たり一一・六人、フランスの約四、九〇〇人、人口一〇万人当たり八・四人などとなっており[11]、我が国よりもかなり多い。特にドイツ法系の国の裁判官数の多さが目立つ。我が国は、デメリットもあろうが、相対的に少ないコストで司法を運営してきたと評価することができる。

なお、我が国の裁判官一人当たりの民事訴訟事件の処理件数は、単純計算をすると年間約一五〇件程度である。[12] このような処理件数を外国と対比すると、イギリスは約一、六〇〇件、アメリカは約五一〇件、ドイツは約一〇〇件、フランスは約二三〇件などとなっている。[13] このような件数だけで処理の実状を比較することは、事件の内容や事件終局の態様が異なるため極めて困難である。しかし、あえて言えば、英米法系の国では、事件数が極めて多いが、裁判官の関与しない和解の比率が高い上、裁判官の負担軽減の工夫が徹底しており、実際の負担は数字ほど大きくないように思われる。これらの実質的考慮を加味して前述の数字を検討すると、我が国と英米独仏との間では、裁判官の負担に大差はないのではないかと考えられる。[14]

2　裁判官の養成

(一)　法曹養成

我が国の法曹資格を得るには、短答試験、論文試験及び口述試験からなる司法試験二次試験合格後、二年間（平成一一年採用から一年半）の学科修習及び実務修習を経て、八日間の筆記及び口述考試からなる試験（二回試験といわれている。）に合格し、修習を終了することが必要である。このような試験及び修習が、裁判官、検察官、弁護士を区別せずに共通に行われること、その終了者の中から、裁判官、検察官への応募や、弁護士会への入会が行われることが多いこと、並びに公費で修習が実施され、修習生は国家公務員として給与が支給されることが、我が国の法曹養成制度の特徴である。ちなみに、給与の額は、国家公務員のキャリア組の初任給より若干高く、大規模な寮もあり、研修を受けながら、授業料を支払うのではなく、逆に生活の糧を得られるという世界的にも誇り得る制度となっている。

このようなシステムは、広く優秀な人材を法曹に登用することを可能とし、かつ、経済的に恵まれた者のみが法曹になっていくという傾向や研修中の借財を抱えて高収入を追い求める若手法律家が増える傾向(15)を阻止し得るメリットがある。また、共通修習であるため、法曹三者がそれぞれ他の職域も修習することができ、他の法曹の役割を理解するとともに、幅広い視野を持つ助けになるという利点もある。さらに、裁判官については、比較的若く優秀な人材を広く採用することを可能とするものでもある。しかし、その反面、司法研修所の収容能力や予算、実務修習の実施等の観点から、大量の法曹養成が困難であるというデメリットも存する。司法試験合格者の数は、従来、年間五〇〇人前後であったが、増員されて、現在は八〇〇人体制となっており、更に平成一二年からは一、〇〇〇人体制になる予定であって、将来のそれ以上の増員も検討されている状況にある。

司法研修所における民事の研修は、要件事実教育、実務上の問題研究、判決起案、弁護士の作成する訴訟書類の起案、民事弁護の実務の講義、判例・学説の調査方法の修得等であって、大学における法学教育とは、かなり異質であり、かつ、分野を異にするものである。殊に、その中心をなす要件事実教育は、権利の根拠として何を主張・立証する必要があり、権利の障害又は消滅事由としては何を主張・立証すべきかを、厳密に検討するものであって、要するに、法的議論の共通基盤を作りだすものであるが、司法研修所以外では、この種の教育は余りされていないのが現実である。

実務修習は、裁判所（民事、刑事、家事、少年）、検察庁（捜査、公判）及び弁護士事務所で、順次、見学と実習が行われる。

(二) 裁判官の採用と研修

裁判官（簡易裁判所判事を除く）の採用は、司法修習終了者からの志望者に対する書類及び面接による選考によって行われる。修習終了後、他の職種に就かずに直ちに応募する者が多いが、弁護士等を経験してから応募する者も若干名いる。従来、年間五〇人から八〇人程度の採用であったが、最近は増員され、年間一〇〇人前後の採用が行われている。

裁判官の採用は、任期一〇年であり、最初の一〇年間は判事補として、比較的軽い職務に就くとともに、複数の分野を経験し、職務を通じた研鑽に努める。組織的な研修としては、初任研修として、集中的なオリエンテーションが行われるほか、二年、六年、一〇年など、節目ごとに中間研修が行われる。また、在外研究も盛んであり、長期留学（二年）、留学（一年又は一年半）、特別研究（一年）、短期研究（六月ないし二月）等、種々のコースがあり、毎年数十人の者が参加している。また、近時は、出向研修の範囲も広がっており、外交官（二年ないし四年）、行政官（政策関係部局に二年間課長補佐級として行くことが多い。）、民間企業（マスコミ、金融、メーカーが多かったが、近時は、サービス、販売業等様々である。期間は一年が多い。）等に多数の判事補が出向している。これらも、裁判官の視野を広げ、研鑽を深めるのに役立っている。

もっとも、裁判官の仕事はそれ自体が勉強でもある。多数の事件と接し、調査検討を重ね、また、当事者・代理人の話しを聞き、議論することが、最大の研修であると考えられる。裁判官は、一〇年間で、一〇〇〇件以上、あるいは数千件に達する事件に接することとなり、その中で様々な知識と修練を積んでいくのが通例である。筆者にとっても、殊に弁論兼和解や和解では、同じテーブルを囲んで直接に話を聞いたり議論することができ、極めて有益かつ興味深いものであった。なお、統計上、和解による終局の割合は平成九年度で約三二％であって、争いが残って対席判決がされる事件の割合（約二九％）と同程度である。しかも、上訴がなく紛争の最終的解決になることが多いことからすると、民事司法における和解の役割を軽視することは許されない。裁判官は、法廷での裁判と同程度に、和解にも習熟しなければならないのである。

3　裁判官の実態

(一)　裁判官の多様性

裁判官のイメージは、おそらく、堅苦しい、厳格、まじめ、学究的などといった先入観が一般的であろう。あるいは、世間知らず、特権階級、権力的、古めかしいなどといった悪いイメージや、逆に、公正、廉直、清潔、清貧などといった良いイメージもあるかもしれない。特権階級などといった時代錯誤的なものを除けば、以上のイメージは、ある程度は当たっており、ある程度は当たっていない。実際の裁判官は、一般に推測される以上の多様性を持っている。確かに学問好きの者もいるが、必ずしも多数派ではない。最大公約数は、他からの情報に対する理解力と、論理的思考を重視し公平であろうとする心、それに、余り金銭への執着がないこと程度であり、これらも、その裁判官の種々のパーソナリティーの一部にすぎないであろう。行動的な者、読書好きな者、社交的な者、スポーツ好きな者、音楽好きな者（演奏会を開くような者もいる。）、酒好きな者、議論好きな者、大勢で遊ぶことの好きな者、道徳的な者、豪放磊落な者、涙もろい者、話し上手な者、逆に口下手な者など様々である。政治に深く関与する者はいないが、政治的嗜好も、強いて分類すれば、一般人同様、無党派、保守主義的な者、リベラリスト、新保守主義的な者、社会民主主義的な者など、やはり多様である。趣味嗜好でも、マージャン、スキー、登山、ゴルフ、テニス、囲碁、釣り、海外旅行、書、純文学、映画、カラオケ、ゲームなどといった普通の趣味のほか、ロックミュージック、漫画、短歌、列車マニア、天文観測、昆虫採集、ダイビング、落語、ダンス、日舞、ＳＦマニア、ミステリーマニア、声楽、器楽、写真、経済通、歴史通、絵画等色々の例があり、中には、このような一般的なものではない、かなり珍しい趣味を持つ者もいる。

このような多様性の理由は、おそらく、第一には、法曹資格を得るための関門が、出身校、経歴、年齢、性別等を問わない司法試験、二回試験という客観的で厳格な資格試験によっており、かつ、修習中に経済的保障があるという特殊性にまず求められよう。そのため、全国から広く様々な者が受験し、また、途中転身組や、復活戦といった趣きで受験する者も多いのである。国家公務員一種の試験などとは、内容や受験者層にかなり差異がある。また、第二の理由として、司法修習、試験、そして、人と話し、ものを書いて公にするという裁判官としての職務の特性上、各人の実績、努力、能力等を隠しようがないため、ある程度実力本位の任用が行われていることの影響もあろう。やや乱暴にいえば、行政庁や企業と異なり特定層の者の集中的採用ができず、また、イギリス等のように弁護士として活躍後に裁判官を適宜採用する制度を採っていないため、特定のクラス、傾向の者ばかりを採用することができないためであると考えられる。そのため、裁判官は、案外年齢層が広く、かつ、多様な経歴の者が含まれているのである。さらに、第三の理由は、我が国の裁判官は、二年から五年サイクル程度で広域異動することが多いため、数多くの任地を経験し、様々な同僚と勤務するとともに、各地の人々と接することや、そもそも、仕事上、多様な紛争、多様な人間について学んでいっているといった職務の性質のせいであろう。

(二) 職権の独立と緩やかな組織

裁判官は、憲法及び法令上、独立性が守られている。裁判官は、一人一人が単独で官庁となり、決定権を有するという珍しい職種である。行政庁や検察庁のような上命下服方式ないしは上司の決裁を仰ぐ方式は存在しない。例え新任判事補であっても、その者のみの権限で決定し得ること（刑事の令状や、民事の執行、保全関係の決定等）があり、これらについては、先輩の裁判官等が命令、介入することは、絶対にできない。裁判所には所長が、各部には部総括判事がいるが、もし、所長や部総括判事が、他の裁判官の裁判内容について命令したり、干渉すれば、大変なスキャンダルになるであろう。合議体の裁判でも、多数決により、結論が決まるので、裁判長の見解が通らないことがある。また、例えば、同一の裁判所内でも、裁判官が異なれば、同様の事件につき異なる見解に基づく判断がされることもある。我が国の一、二審の裁判官は、他の裁判官の判断を当然に尊重するわけではないのである。

命令服従等の関係がない代わり、裁判官は、若い時もベテランになっても、よく議論をする。合議体の裁判についての正式の合議のこともあれば、単に他の人の感覚を聞くためだけのことも多く、また、自分の独自の見解を提示して、他者の批判を仰ぎ自説を再構築しようとするとき、あるいは、他の者に類似事件等の経験を聞こうとするときなど、様々な場合がある。裁判所は、我が国にしては珍しい、議論ばかりしている組織であり、他の職歴のある修習生や外国人法曹等には、この点でまず驚かれることがある。議論の多い理由は、法律論や事実認定が、自然科学のような絶対的なものではなく相対的なものであるため議論になじむということと、自己の職責が重いためできるだけベターな結論を求めようとすること、及び独任制の官庁の中で研鑽を積むには議論が最も役立つという知恵のなせるところからであろう。

また、このように議論ができるのは、我が国の裁判所が、三、四人の裁判官と一〇人前後の書記官、速記官、事務官らが一つのチームを作って仕事をすることが多いという点も、影響していよう。他の国では、裁判官、法廷の補助者、事務職等が、それぞれ職種ごとに別個の部署に勤務し、事件も特定のチームに専属しない仕組みを採ったり、あるいは、裁判官が、一人で、審理、打ち合わせ、尋問記録の作成、書類作成等ほとんどの事務を行う仕組みを採ったりしていることがあり、このような仕組みでは、日常的に他者と議論することは難しいであろう。なお、チームを作っているといっても、官公庁、企業のようなピラミッド型の組織とは異なる。前記のような独立性や、職種ごとの差、仕事の専門性等もあり、緩やかな組織となっている。その反面、他の職歴のある者から見ると、組織体として未成熟と評されることもある。

(10) 総数は三、〇〇〇人を超えるが、パートタイム・ジャッジを含むため常勤裁判官数に換算した概数である。(次稿第二章**3**(一)参照)。

(11) 朝日新聞平成一一年五月二七日朝刊二九面「司法　願いは安・簡・早」という記事中の各国比較表による。(ただし、スウェーデンについては、前出「ヨーロッパにおける民事訴訟の実情(下)」三三九頁による)。

(12) 刑事事件や家事事件等を担当する裁判官もいるので、民事訴訟担当裁判官一人当たりの実際の処理件数は、本文記載の数値を上回る。本文記載の数値は、各国間の比較のためのものにすぎない。筆者の経験では、我が国の地方裁判所における単独事件も担当する民事裁判官一人当たりの実際の訴訟事件処理件数は、おおむね、年間二〇〇件から四〇〇件程度であることが多いと思われる。

(13) イギリス以外は、前掲記事中の各国比較表による。イギリスについては、司法統計に基づき概数で計算したものである。

(14) 筆者の見聞したところでは、イギリスの上級の裁判官は、我が国の平均的な裁判官よりも余裕のない勤務を行っている感がある。下級の裁判官では、さほど多忙ではない部署もある。我が国と勤務スタイルの違いがあるものの、全体的に見れば、負担の差は大きくないように思われる。

(15) イギリスやアメリカでは、このような経済的な問題による法曹養成制度のひずみが顕在化している（前澤達朗「米国のロー・スクールにおける法曹養成の現状と問題点」ジュリ一一六九号八九頁等）。我が国でも同様の危険性が存在する。

三　裁判の機能

1　司法の担当分野

(一)　法令適合性の判断

裁判の理想的イメージは、正しい者を勝たせるもの、あるいは人権を救済するものなどと観念されることが多いであろう。確かにそのとおりではあるが、そのためには、どのような判断でもできるというわけではない。まず第一に、近代国家は三権分立制度を採っているので、司法は、自ら立法及び行政を行うことはできない。もし、司法が立法又は行政を行えば、国会議員のように直接選挙されているわけでもなく、内閣のように国会に対して責任を負っているわけでもないものが、一般的な権利義務を新たに創造することになるので、民主主義にも著しく反することとなる。また、第二に、裁判は、憲法及び法令に従って行われるものであり、各裁判官の個人的信念や政治観等に従って行われるものではない[16]。個人的見解に基づく専断は、仮に個別の事案の解決に役立ったとしても、裁判の予測可能性を否定するという点で近代司法としての自殺行為である上、民事裁判も国家権力の行使である以上、民主主義になじまないものである。とりわけ敗訴者から見れば裁判は正に権力の行使そのものであり、この点は、裁判と裁判外の示談や私的仲裁との根本的に異なるところである。

以上は、異論のないところと思われるが、実際には、これらを無視した議論も多い。例えば、ある行為を規制する法令がないのに、規制が不十分であると主張する訴訟や、逆に、ある行為をなし得る法令がないのに、これを行うことを求める訴訟などが典型であり、そのような主張をマスコミが応援することもある。しかし、裁判は、原則としては、既に存在する一定の権利義務の水準と比較してこれよりも凹んでいる部分を是正することが、その機能である。新たな権利義務の水準自体を定立するのは、原則として立法と行政の任務である。その水準より落ち込んでいる個別の事案を救済するのが司法の任務なのである。このことを無視した議論は、多くの場合、実り薄いものである。

(二) 却下判決

これまでに述べたところについて一例を挙げて論じると、行政訴訟においては、訴えに法律上の利益がないとして、訴えが却下されることがある。いわゆる門前払いの判決である。例えば、医療水準や看護水準を守るため新規開業する病院のベッド数等を規制する法律があり、官庁がA病院に対し、ベッド数を一〇〇以下にするように命じて、増設申請を許可したと仮定しよう。その場合に、隣接するB病院が、自分の患者の減少を心配して、その法律を正しく適用すればベッド数は五〇が相当であると主張して、右許可の取消訴訟を提起しても、訴えは却下されるであろう。その法律が隣接病院を保護するために具体的な基準による規制をしているのであれば、B病院に他の病院のベッド数を定数まで縮減させる権利が肯定され、裁判になじむ可能性がある。しかし、このような法律は、医療や衛生のため、ひいては一般的に患者を守るためのものであるはずであって、隣接病院に何らかの権利を与えるものではない。B病院は、何らの権利もまだ認められていないのである。したがって、このような裁判は、法律用語で言えば、法律上の利益を欠くとか、原告適格を欠くと判断されることになる。要するに、新たな権利の創設を求めるものであって、裁判にはなじまず、無意味であるということになるのである。

このように書くと当たり前のことのようであるが、実際には、関係法令があるのかないのか、あるいは、当該法令の規定が個人の具体的な権利や法的地位を保護しているのか否かが微妙な場合もある。しかし、検討の結果、関係法令がない、あるいは、関係法令の規定が当該個人の具体的な権利や法的地位を保護していない、あるいは、当該訴訟によっては、当該個人の具体的な権利や法的地位が回復されることにならないなどといった場合には、訴えは却下されざるを得ないのである。(17) 仮に、公害訴訟、環境訴訟など、同情すべき事情があるとしても、それならば、そのような法令を設けさせたり、行政措置を執らせたりすることこそが肝要なのである。

以前、大規模小売店舗における小売業の事業活動の調整に関する法律（昭和四八年法律第一〇九号）が施行されていた当時、同法による大型店の出店規制を根拠に大型店の周辺小売業者が集団提訴した事件があった。しかし、同法に基づく措置は、周辺小売業者の具体的な権利利益を守るものとはいえず、周辺小売業者が大型店の出店を規制する権利を与えられているとは考え難いので、この訴えは、裁判にはなじみ難い。この事件は、そのほかにも問題点があったが、結局、却下されるべきものとする判決が出されている。(18)

2　人権侵害の救済

㈠　最後の砦

裁判は、人権救済の最後の砦であるといわれることがある。実際に、立法や行政から相手にされず、最後に司法に救済を求めてくる者も多い。そのため、新たな水準を定立することは司法の範囲外であるとはいっても、場合によっては、各裁判官は、柔軟な対応に迫られることがある。しかし、前項で論じた問題や、また、裁判の一般的な影響等も考慮する必要があるので、そのような対応には限界があることも、忘れてはならない。

㈡　一般条項の活用

関係法令に規制や権利付与等の条項がない場合でも、いわゆる一般条項を柔軟に解釈適用することにより個別の事案を救済する方法がある。我が国の法令の規定や契約書の文言等は、その意義、適用範囲、効果等を必ずしも具体的、特定的に定めていない場合がある。このような規定については、結果的に、裁判官の法令あるいは契約の解釈適用に一種の裁量の余地が生ずる。そのような規定のうち特に抽象的内容のものを一般条項といい、民法一条三項（権利の濫用は之を許さず）、九〇条（公の秩序又は善良の風俗に反する事項を目的とする法律行為は無効とす）等は、その典型である。

筆者の担当した事件でも、例えば、私設市場におけるパラジウムの現物条件付保証取引に参加し、多額の損失を被った者から損害賠償請求がされたという事案があった。当時、パラジウムは商品取引所法の指定外商品であって、その直接の規制の及ばないものであり、関係官庁や検察庁においても、取り締まり対象にできないとしていたが、判決は、同法の趣旨に照らし公序良俗に反するとして、取引自体の違法性を認めて組織ぐるみの不法行為を認定し、取引の仲介会社や市場を開設している会社等に、損害賠償を命じた。[19]また、マンション管理組合が、組合規約及び総会決議によって、組合員の負担する管理費の割合にかなり大きな格差を設けたという事案があった。建物区分所有法には管理組合が組合員間で管理費の割合に格差を設けることを直接禁ずる規定がないが、判決では、格差の根拠、程度等を勘案した上、当該事案における格差は同法の趣旨及び民法九〇条に反し、前記規約及び決議は無効であると判断している[20]。そのほかにも、権利濫用を認める判決をした経験もある。このような一般条項を活用した判決は、我が国の裁判では、何ら珍しいものではない。

㈢　事実認定

我が国の裁判官は、通常、客観的な証拠を中心に、いわゆる固い範囲で事実を認定することが多い。しかし、救済の必要性や公平の要請等に照らし、事案によっては、かなり大胆な事実の推認をして判決することもある。

一例を挙げると、通常は、建物をもらえる口約束があったと、何の証拠もなしに主張しても、認められることは少ないであろう。しかし、例えば、それが、法律上の配偶者のある男性と長らく事実上の夫婦として暮らし、その老後の面倒も見てきた女性からの主張である場合には、二人の関係や、本妻との別居期間、財産の状況等諸般の事情次第では、遺贈や贈与、あるいは使用貸借の合意等が認められる可能性があろう。筆者も、そのような事案で、遺言書などの書面による証拠なしに遺贈を認定したこともある。

3　違憲審査権

㈠　憲法適合性判断

我が国の裁判所は、最高裁判所はもちろん、地方裁判所や高等裁判所も含め、憲法判断をする権能を有しており、例え国会の制定した法律であっても、違憲であると判断したときは、それを無効と解することができる。また、憲法八一条の規定（最高裁判所は、一切の法律、命令、規則又は処分が憲法に適合するかしないかを決定する終審裁判所である。）や最高裁判所への主な上告理由が憲法違反とされていることからも分かるように、この憲法適合性判断を行うことが、最高裁判所の最重要な機能の一つとなっている。

㈡　司法消極主義と司法積極主義

前項のような権能の付与にもかかわらず、我が国の裁判所には憲法判断の回避が多いという批判があり、それが司法消極主義という言葉で表現されたり、法治主義の強化や国民の期待に応えるため司法積極主義に転換すべきであるなどと主張されることがある。

憲法適合性判断の詳細については、それだけで大部の書物が必要であり、本稿で深く論ずることはできないが、一つ述べておきたいのは、我が国の憲法適合性判断権ないし違憲立法審査権は、特別な憲法裁判所だけが個別の事件を離れて抽象的一般的に法令等の違憲審査を行うというタイプのものではなく、いわゆる司法裁判所型のものであるということである。(21) すなわち、通常の裁判所が通常の司法権の行使として、具体的事件の裁判の中で、事件の解決に必要な場合に憲法判断をし、通常の判決の中にその判断結果が盛り込まれるのである。したがって、前記のように、各審級の裁判官が憲法判断をする権能を有するが、同時に、司法権の範囲内における判断をするのであるから、憲法判断は、争訟性ないし事件性を要し、訴えが却下されるべきものであってはならないし、当事者が主張していても、事件解決に必要のない憲法判断は行われないのである。アメリカでは、憲法判断回避の準則などと呼ばれる諸準則(22)があるが、我が国でも、殊更判断の回避をするのではなくとも、右のような理由があるため、当事者が主張さえすれば常に憲法判断が行われるというものではないのである。これをもって司法消極主義というのならば、我が国の裁判所が司法消極主義であるのは、当然ということになろう。

もう一つ述べたいことは、実際には、裁判所が憲法判断をすることは何ら珍しくないが、ただ、合憲判断の方が圧倒的に多く、かつ、合憲判断は報道されないことも多いので、目立たないということである。もっとも、これに対し、それでは、やはり行政等の主張を受け入れているのであるから司法消極主義であるという批判があるかもしれない。しかし、第一に、我が国では、少なくとも内閣の提出した法案については、内閣法制局において慎重な憲法適合性判断をしており、国会においても検討されているのであるから、そう多く違憲の法律が制定される仕組みにはなっていないのである。その中で、幾つかの法令の規定につき違憲判断が確定していることこそ、裁判所が真摯に憲法適合性判断権を行使していることの証左であるということもできよう。また、第二に、憲法訴訟においても、事実認定が基本となるのである。その法令の定立の根拠となった一般的状況（立法事実）が主張立証されて初めて適正な憲法判断ができるわけである。しかし、実際の訴訟においては、一方に偏した事実や立証のない事実を基に主張が構成されていることがある。違憲を主張する者の考えと異なる判断がされたり、単に前提を欠くとして簡単に主張が排斥されることも多い背景には、このような事情が大きく影響している。また、第三に、裁判所の合憲判断は、違憲ではないという判断をしているだけなのである。現状がベストであるとか、ベターであるという判断をしているのではない。すなわち、憲法は、その性質上、一般的抽象的規定が多く、特定の法律、措置等を要求しているものではないことが多い。国会は、このような憲法の規定の範囲内で、総合的判断、あるいは政策的配慮等も加え、個別の法律を定めるのであるから、そこには当然に裁量の幅がある。簡単にいえば、その幅を超えている場合に違憲と判断されるのであり、裁判官がこの法律は最適な選択とは思えないと考えても、それだけでは、違憲の判断がされるものではない（実際には、問題となっている憲法条項の内容、権利の性質等により、右裁量の幅や裁判所の判断手法には違いがある。）[23]。いいかえると、裁判官個人としては別の政策的選択の方がベターだと考えても、それだけで違憲判断をするのでは、司法権の範囲を超えるものである。単にベターな選択と考えるところに従って判決をするというような意味での司法積極主義は採り難い。逆にいえば、合憲判断をしても、格別肯定的評価をしているとは限らないのであり、いわゆるお墨付きを出したわけでも何でもないことに留意すべきであろう。[24]

(16) 憲法七六条三項は、裁判官が良心に従って職権を行う旨定めているが、この良心とは、裁判官としての客観的良心ないし裁判官の職業倫理のことを意味し、個人の主観的良心を意味しないとするのが多数説である（佐藤幸治・憲法（第三版）（青林書院）三二七頁も同旨である）。

(17) 代表的判例として、ジュース表示事件上告審判決（最判昭和五三年三月一四日・民集三二巻二号二一一頁）、もんじゅ行政訴訟上告審判決（最判平成四年九月二二日・民集四六巻六号五七一頁）、開発許可取消訴訟上告審判決（最判平成九年一月二八日・民集五一巻一号二五〇頁）等がある。

(18) 東京地判昭和五七年三月一六日・判時一〇三五号一七頁、東京高判昭和六〇年六月二四日・判時一一五六号三七頁

(19) 東京地判平成二年三月二九日・判時一三八一号五六頁（ただし控訴あり）

(20) 東京地判平成二年七月二四日・判時一三八二号八三頁（ただし控訴あり）

(21)　通説である（前掲・佐藤幸治三三二頁）。
(22)　前掲・佐藤幸治三三六頁等
(23)　憲法適合性判断の手法とその基準については、優れた論説が多い。定評ある名著として、芦部信喜「憲法訴訟の理論」、同「憲法訴訟の現代的展開、同・人権と憲法訴訟」（いずれも有斐閣）がある。基本書では、前掲・佐藤幸治三六一頁以下が読みやすいであろう。
(24)　我が国の裁判では、違憲とまで断ずることはできないという判示がされたり、あるいは、違憲ではないとした上で、しかし、別途の措置が望まれる旨の判示がされることがある。このような判決文の当否については議論のあるところであろうが、いずれにせよ、このような判示は、当該裁判官が問題とされた法令・措置等が必ずしも好ましいものであるとは考えていないことを示唆するものであるときが多いであろう。

四　裁判官の判断の仕方

1　柔らかな司法

我が国の裁判では、当事者双方の調印した契約書等に明確な合意内容や条件が記載されていても、あるいは、一定の合意をしたことに争いがない場合でさえ、「しかし、……」、「そうだけれども、……」などという弁解がされることが多い。裁判所も、ある程度それを聞いて審理を進めている。例えば、「何日までにA物件を引き渡し、引き渡せない場合には、代わりにB物件を引き渡す。」という書面に双方が署名押印していたところ、A物件の引渡しができなかったといった事案を想定しても、「書面の内容を読んでいなかった。」とか、「口頭では別の約束があった。」とか、「引き渡せなかったのはこういう特別の事情がある。」とか、「その合意をした理由が実は存在しなかったことが判明した。」とか、「口車に乗せられてつい署名した。」とか、「代金の均衡を欠く。」など、様々な弁解が出てくることが多い。もちろん、白紙に署名したなど、そもそも契約の意思が存在しない場合や、法律上も詐欺である場合などには、弁解があるのは当然である。しかし、そうではない、要するにこれこれの事情があるといった程度の事柄が争いになることが、結構多いのである。しかも、裁判官も、書類上あるいは法律上明白な事案であっても、ある程度慎重な審理をし、時には種々の事情もしんしゃくして、柔軟な認定判断をすることがある。いわば、理屈だけではなく、情にも配慮した柔らかな司法を希求する傾向があるように見受けられる。

これに対し、フランスやドイツでは、多くの場合、書類がなければ、契約の成立も認められず、また、書類と異なる合意を主張しても意味がない。イギリスでも、やはり、詳細かつ具体的内容の契約書等が作られ、書類中心の認定がされている。我が国で問題となるような争点の多くは、これらの国では、争点足り得ないことが多い。

2　柔らかな司法の根拠と将来

我が国で種々の弁解がある程度許容されている理由がなぜなのかは、困難な問題であり、筆者が軽々に結論を述べ得ることではない。ただ、一つ言えるのは、我が国では、欧米諸国と比べて、法律論への敵意の度合いが強く、かつ、司法へのニーズないし司法の役割にも違いがあるのではないだろうか。すなわち、準備室等で当事者と議論したり、あるいは和解の席で話をしていてよく感じることは、日本人は法律論を言っても中々納得せず、むしろ常識や条理、あるいは損得などといった方向からの議論を好み、かつ、人間同士の理解や共感を重視するということである。これは、一つには文化的な傾向と法治主義の未成熟という問題もあろうし、また敗戦後の権威や国家等への懐疑主義ないし反感が法律にまで及んでいるという面もあろう。また、欧米では、法律自体が書類を重視していることが多い上、社会自体が契約と合意の社会になっている。また、裁判に対しても、絶対的真実を追求するのではなく、相対的なものとしてビジネスライクに割り切って受け止めているところがある。これに対し、我が国では、最後の手段である裁判にかけた以上、とことん事実を究明したいし、すべての事情を酌んだ道理に合った判断を求めるという要求が強いように思われる。慎重な審理と実質的な柔軟な判断は、ある程度国民の一般的なニーズでもあろう。

しかし、このような柔らかな司法は、行き過ぎれば、法の軽視や不安定な司法になってしまい、ひいては裁判の予測可能性を低めるとともに、裁判の遅延にもつながるものである。前述した日本人の国民性等も徐々に変化しつつあることはいうまでもないところであり、我が国の裁判も、より法的合理性を求める方向に向かっているものと思われる。また、欧米では、裁判の教育的効果ということも言われ、裁判になれば法令と契約が力を持つことを知らしめることにより、実社会を更に合理的なものに導くべきであると考えられている。我が国でも、この観点からの考慮が今以上に必要となっていくであろう。

3　裁判官の認定判断の手法

(一)　多様な筋道からの選択

自然科学は、絶対的真実を追求するものであり、また人文科学も、一つの方向へ論理的に精緻に議論をつき詰めていくものである。しかし、裁判は、もちろん事実に即して行われるものであるが、裁判では、絶対的な真実というのは神ならぬ人間には確実には分かり得ないものである。当事者でさえ、それぞれの眼鏡を通した主観的事実を認識し、記憶していることが多いのであり、まして、証言ともなれば、事実というよりも、一つのストーリーに近い性質を有するといっても過言ではないであろう。争点についての絶対的な事実認定というものは、不可能なことが多い。したがって、裁判官にとっては、いかに精緻な仮説を立てるかではなく、複数の仮説の中で、どれを選択するのかという判断が重要となる。また、法解釈やその適用も、学説におけるように、いかに首尾一貫したいわば美しい理論を立て得るかではなく、複数の選択肢の中でどれが相対的にベターかを選択することが重要なのである。要するに、裁判では、相対的な認定判断が行われるのである。

㈡　複眼的視点の必要性

前記のような相対的認定判断を適正に行うためには、できるだけ複眼的視点を持つことが肝要である。筆者も、一つの問題につき意識的に他方向からの考慮をし、場合によっては、各視点ごとの結論を出して更に比較選択するように努めている。以下、幾つかの重要な視点を説明すると次のとおりである。

①　要件事実と立証責任に依拠した形式的判断

前述したように、法の適用と種々の主張の関係を論理的に分析したものが、要件事実論と立証責任論なのであるから、法に従った裁判をするためには、まず、法文に従った要件事実、あるいはその前提となる法解釈を検討する必要がある。その上で、立証責任を勘案しながら、純枠に論理的にみて、どちらが有利かを検討する視点が必要であろう。これは、当然のことなのであるが、錯綜した利害等を考えているうち、この基本がおろそかになるおそれがないとはいえない。筆者も、意識して、この視点に始まり、あるいはこの視点に終わる検討をするように心がけているつもりである。

② 動かし難い事実に基づいた客観的事実認定

事実認定で最も重要なことは、仮に百のあいまいな証拠や、いかにももっともらしいストーリーが提示されていたとしても、一つの動かし難い事実には劣るということである。例えば、一部が壊れた機械などのように、評価を加えない生の事実としては、客観的な事実が存し得るわけであり、他方、その対局にあるものとして、例えば当事者本人の陳述書のように正に主張ないしストーリーにすぎないものもあるわけである。その中間に、事実としては客観的であるが、その意味の評価の余地の大きいものや、あるいは、第三者の証言など種々のものがある。裁判で最も重要なのは、このような各種の証拠の中で、絶対的なもの、重要なもの、若干重要なもの、一つの仮説を立てる材料になり得る程度のものなどを、はっきりと区別し、かつ、重要性の低い証拠は、より客観性のある証拠と整合し得る限度でのみ評価し、その上で総合的な認定判断をすることである。人証等については、人は、必ずしも意識的に虚偽を述べようとしていなくても、人それぞれ、各自の眼鏡を通し、取捨選択をし、色づけをした事実を述べていることが多いと考えなくてはならない。

司法修習生との議論や、あるいは、自分の知人等が法的紛争に巻き込まれた場合の対応等を見ていると、我々が、いかに、たまたま接した一つの証拠にばかり注目してしまうのか、また、単に一つのストーリー程度の意味しかない証拠であっても、自己特有の観点や経験に適合したり、印象が強いときは、いかに、それにばかり拘泥してしまうか、驚くほどである。裁判官の事実認定と一般の議論とが最も異なるところは、多分この点であろう。

③ 経験則等に依拠した推論的判断

三番目に必要なのは、経験則、すなわちA事実ないしA行為があれば、合理性、経験等に基づき、B事実ないしB行為もあるはずであるという推論を利用した認定判断である。ただし、裁判では紛争当事者がそれぞれ正反対の経験則を主張することが多いことからも分かるように、この経験則には多様性があることに注意しなければならない。業界、職種、地域など人の属性に応じて経験則は千差万別である上、人の行動については、その紛争当事者が通常の行動様式にない行動に出たからこそ紛争になっているという場合もある。常識は人の数だけあるともいえるのである。いずれにせよ、経験則を上手に活用するには、できるだけ社会諸科学の基礎を収めた上、多くの裁判実務を積み重ね、かつ、常日頃、多様な当事者や証人の話をよく聞いて、各紛争領域内の諸事情に通じ、当該事件における主張を慎重に吟味することと、一方向にとらわれず、種々の推論を比較対照してみるほかないであろう。また、経験則は相対性が強いものがある以上、他に客観性の高い証拠がある場合などには、余り経験則等による推論を重視するべきではない。

④　公平適切な紛争処理のための実質的判断

第四に、①ないし③の視点から導いた結論が果たして公平適切な紛争の処理にかなっているのかという実質的な検証も欠かすことはできない。特に、和解を勧告する場合には、このような視点が重要であるが、判決の場合であっても、この視点が不要なわけではない。法律家の間では、よく「バランス感覚」とか、「事件の落ち着きの良さ」が重要であるなどという表現を用いることがある。これらは、前述した複眼的な相対的認定判断全般に関係するものではあるが、特に実質的な公平適切を含む意味で用いられることがある。

ただし、このような視点の過度な強調は、危険性も高い。人それぞれの正義公平があり、裁判では、これが過度に強調されている場合が多いからである。弁護士の職務としては、一方向を強調することでよいであろうが、裁判官は、片方の正義に首まで漬かってしまっては、他の視点が見えなくなってしまうので、決してそのような状況になってはならないのである。

また、何が正義か何が合理的かは、個人同士の紛争であっても、経済的紛争であっても、それ自体複雑かつ総合的な考慮が必要なことが多い。分かりやすい例を挙げると、例えば、経済活動の自由を守ることが善であり、規制は悪であるというテーゼがあり、確かにそれには、一理あるわけである。しかし、他方で規制のない市場の自由が看過し難い問題を生み、立ち行かなくなったということも、既に過去の欧米の歴史で実証済みのことであり、また、環境問題、薬害問題、食品問題、金融問題等、多くの現代的紛争では、なぜ規制を怠ったのか、あるいは規制が不十分ではないかということが、主張されており、ここでは、規制が善であることが当然のこととなっているのである。ことほど左様に、何が正義かは単純なものではない。実質的な判断をするためには、広範な情報の摂取能力と多様な視点を持たなければならない。

なお、以上のような実質的考慮は、あくまで、法解釈の枠内で行わなければならず、前記の①の視点からの検討において採り得る範囲内の結論でなくてはならない。実質的観点から出した結論に合わせて強引に他の視点をねじ曲げるようなことは、他の事案の解決や社会一般に悪影響を与えるおそれがあり、あってはならないことである。

⑤　他の事件や社会一般への影響

事件によっては、その個別事案の解決だけではなく、他の事件への影響や、社会一般への影響を考慮しなければならないことがある。殊に、一般性のある法解釈をするときや、ある種の商事事件などでは、このような考慮が不可欠であり、裁判官は、少々無理してもこの事件さえ公平に解決すればよいなどといった判断手法は採らない。

なお、一審、二審、上告審と審級が進むにつれて、このような視点の比重が高まることは、いうまでもないところである。

4　司法制度の国際比較と司法の将来

菅野博之

一　序　論

1　我が国の司法制度の特徴

我が国の司法制度を民事を中心にみると、その骨組み的な特徴は、次のとおりである。すなわち、①都道府県ごとに置かれた地方裁判所及び小地域ごとに置かれた簡易裁判所、八地方ごとに置かれ主に控訴審を担当する高等裁判所並びに上告審を担当する最高裁判所による三審制が採られていること、②全裁判所が最高裁判所を頂点とする司法裁判所の系列に属し、これら以外の特別裁判所や憲法裁判所が存しないこと、③陪審裁判制を採らず、相当の選考と訓練を経てきた職業裁判官による事実審理と判断がされていること、④裁判官にはある程度後見的役割も期待されており、かなり丁寧な審理がされていること、⑤それにもかかわらず、基本的には、書面審理主義（記録に基づいて認定判断を行う。）及び職権主義（裁判官が事実を究明する主導的役割を担う。）ではなく、直接主義（当該裁判官が直接に見聞きした証拠に基づいて認定判断を行う。）と当事者主義（当事者双方が主導的役割を担う。）が採用されており、公開法廷での口頭弁論が基本であって、交互尋問方式（裁判官ではなく、まず当事者双方が証人等を尋問する方式）による人証調べが相当程度行われていること、⑥専門家が意見を提出する鑑定も活用されてはいるが、大多数の事件で実施されているとか、決定的な効力を有しているというわけではなく、裁判官の事実認定と判断の役割が大きいこと、⑦争点整理段階においても常に裁判官が関与しており、裁判官が主宰する話し合いにより合意内容を確定する「和解」も盛んであること、⑧いったん審理を開始すれば終了するまで当該裁判官はその事件だけを連続して審理するものとする集中審理制は、採られておらず、どの事件も横並びで平等に審理されるが、通常は、一回に一、二分から二、三時間程度の審理しかされず、数週間から数ヶ月の日にちを置いた続行期日が繰り返される、いわゆる五月雨式審理になることが多いこと、⑨一、二審では、審理終結時に判断が明らかにされず、後日にかなり詳細な理由を付した書面による判決が言い渡されること、⑩裁判に必ず弁護士を付する弁護士強制主義が採られておらず、実際にも、本人のみによる本人訴訟の割合が高いこと、⑪上訴が許可制ではなく（ただし、上告理由等には制限がある。）、上級審の負担がかなり重いこと、⑫比較的少数の裁判官をその数倍の書記官、事務官、速記官、廷吏等多数の職員が補佐する組織的な仕組みの下で裁判が行われていること、⑬厳格な手続、厳粛な法廷、法曹間の礼儀等があり、行政における実務の進め方とは差異が大きいこと、⑭裁判官の採用・養成がキャリアシステムに近い形で行われていること、⑮弁護士も、裁判官と同じ法曹資格が必要であり、限られた人数の弁護士のみが訴訟事務を独占していること等を指摘することができる。

このような仕組みは、かつては、我が国の法律家の間では、司法とはこういうものであるとして、固定観念のように考えられることが多かったと思われる。しかし、このような特徴は、いずれも、外国においては必ずしも当然なものではない。我が国でも、非法律家の一般市民の視点から見直すと、このような仕組みすべての正当性が了解され得るのか疑問があり、そもそもこのような仕組みが周知されているのか否かさえ定かではない。

また、我が国の法制度は基本的に大陸法系であるといわれているが、代表的な大陸法系の司法制度を有するドイツと比べると、共通なのは、①、③、④と⑭程度であり、相違は大きい。むしろ、法廷での手続を中心に見ると、⑤、⑥、⑫、⑬等の点を共通にする英米法系のイギリスと似ている面も多いのである。

2　歴史的、人為的制度としての司法制度

司法制度や法曹制度は、人為的なものである。自然的、科学的存在ではない。人間が、社会的、文化的理由、あるいは偶然により作り上げた、すぐれて歴史的な産物である。したがって、決まった概念とか、当然の真理、共通の定義、原則などといったものは元々存在しない。正しいとか、正しくないとかいったものではないのである。筆者は、判事補であった当時にイギリスの裁判所で一年間研修を受けたことがあり、また、今回の民事訴訟法改正の際、外国の民事訴訟の運営の調査のため、ロンドン大学高等法学研究所の客員研究員として、イギリスとスウェーデンにおいて司法改革の動向等の調査を行った経験を有する。これらの際、多くの国の弁護士、学者、裁判官、司法官僚等と知り合う機会に恵まれたが、その中で再三身にしみて感じ得たことが一つである。それは、裁判とか、裁判所とか、弁護士、裁判官などといった人為的ないわば作り

物は、固定的なものでも、普遍性のあるものでもなく、本当は、他の国の言葉に翻訳することさえ極めて難しい地域性の強いものであるということである。日本の弁護士に相当する実体を持った概念は、イギリスにもアメリカにもスウェーデンにもない。ドイツの裁判官に相当する職種は、イギリスや日本にはない。イタリアの裁判を日本の弁護士に見てもらっても、それが裁判であることさえ分からないかもしれないのである。

3　司法制度の検討方法と本稿の目的

以上のようにみてくると、司法制度を検討するときは、固定観念にとらわれないこととともに、国ごとに司法の基本的な要素と仕組みに大きな差異があることを十分認識することが肝要であろう。

また、司法制度を検証したり、何らかの政策的な検討を加える場合には、手続法及びその運用の実態といったいわばソフトウエアを見るだけではなく、その手続の受け皿であるハードウエアや手続の担い手も含めた司法制度全体に対する観点を常に持つ必要があろう。審理方式を論ずる場合にも、事件数や裁判官、裁判所職員の数、弁護士の数と特性、費用等、種々の面に考慮を払う必要がある。

もっとも、筆者は、一実務家すぎない上、浅学非才の身である。国際比較や司法の将来像はもとより、我が国の司法制度の現在の特徴についても全般的に論じ得る者ではない。ただ、外国の司法制度について若干の実務的な知見を有するとともに、裁判官として自分の担当する民事訴訟の運営改善につき試行錯誤を繰り返してきた者として、欧米と我が国の司法の基本的仕組み及び実情を比較しながら、その変容の可能性について若干の所見を述べ、読者の参考に供するものである（なお、本稿は、もとより筆者の個人的私見であり、裁判官ないし裁判所調査官としての立場で論じたものではない）。

二　司法制度の国際比較

1　はじめに

既に述べたように、司法制度ないし法曹制度の国際比較は、各国間で同じ職種や手続、概念等が存在しないためかなり難しい作業である。以下の記述は、ごく概括的なものであり、詳細を検討されるときは、各国の司法制度についての実務的研究書や論文に当たられたい。(1)なお、統計数字は、原則として一九九七年（平成九年）のものである。それが得られない場合等には、注記の上、別の年度の数字を用いている。

2　弁護士

(一)　イギリス

実働数だけでも、バリスター（法廷弁護士）九、〇〇〇人及びソリシター（事務弁護士）約七万人がいる。裁判官数と比較すると約五六倍である。人口は日本の約四割。人口一〇万人あたりの弁護士数は約一五〇人である。ちなみに、我が国の弁護士数は、約一万六、四〇〇人、裁判官数と比較すると約五・八倍であって、人口一〇万人あたりの弁護士数は約一三人であるから、イギリスは、我が国の一二倍程度も弁護士がいるということになる。

研修を終了して資格を得る者は、バリスターが年一、〇〇〇人程度、ソリシターが年三、〇〇〇人程度とかなり多い。しかし、我が国と異なり、開業しない者が相当数いる。特にバリスターの有資格者は前記総数の数倍おり、その多くは企業や官公庁等で働いていて、開業していない。また、マジストレイツコートの書記官等、裁判所職員にも法曹有資格者は多い。

バリスターの主な資格要件は、無給の二年間の修習（研修所教育と弁護士実務修習）及び試験の合格である。(2) 試験の合格率は五〇から八〇％程度であって、我が国の司法試験（合格率二、三％）とは雲泥の差がある。大学の説明でも、法学部を普通の成績で卒業することのできる者なら大体落ちないということである。もっとも、資格を得たからといって、それだけで自活することができるとは限らない。法律事務所に席を得ること自体容易ではない上、席を得ても、競争が激しく、開業弁護士として残ることができる者は半分以下といわれている。ソリシターも、試験と二年間の修習があるが、修習中に若干の給与が得られる点に、大きな違いがある。

バリスターは、訴訟事務を大部分の収入源としており、一部の有名弁護士を除けば、法律扶助事件の収入や、パートタイム・ジャッジ、パートタイム検察官等による公的収入が相当部分を占める。裁判官の予備軍という性格を有し、最後まで実務に就く者の半数程度は裁判官経験を経る。文字どおりの中立義務を負っており、当事者の代理人ではない。第三者の立ち会いなく当事者と会ったり、直接金品を受領することも許されない。法廷において、自分の側のバリスターがだれなのか分からない当事者がいるなどといった話さえあるほど、当事者との距離が遠いのである。バリスターは、ソリシターの用意した書証や陳述書等を基に、専門的なアドバイザーとしての活動や法廷での実際の訴訟活動をするものであり、我が国の裁判官に近い性格も有する。(3) なお、バリスターは、いわばマネージャー役の事務職と共に、多人数で一種の共同事務所（我が国におけるような経営者たる弁護士とこれに雇用される弁護士という関係は認められない。一種の事務所共同利用契約によって組織されている。）を組織して業務を行っており、専門化も進んでいる。

ソリシターは、バリスターと共同して訴訟にも当たるが、不動産取引や遺言、契約等の法律事務の方が主力の者も多い。我が国の司法書士や行政書士に類似した業務を行うことも多いが、訴訟事務も多い上、我が国の弁護士以上に裁判所との結び付きが深く、司法書士等と同視することは相当ではない。ソリシターの経営形態は、全国規模に展開している大事務所と、都市部の中事務所及び全国に散在する個人事務所に三分化しており、近時の司法改革により法律事務の弁護士による独占が崩れ始めてきている中、激しい競争にさらされている。

㈡　アメリカ

約九一万人。裁判官数と比べて約二九倍であり、膨大な数の弁護士がいる。人口一〇万人あたりの弁護士数は約三四〇人であって、イギリスよりも多く、我が国の二六倍程度ということになる。養成は大学のロー・スクールにおける三年間の受講と試験によっており、我が国のような司法研修所があるわけではない。ロー・スクールでは、三年間の密度の濃い法学教育が行われており、そのアカデミックな面でのレベルはかなり高く、また、極めて多数の法曹を養成することを可能としている。しかし、その反面、ロー・スクールの学費は高く、もちろん報酬が支給されるわけではないので、学生の経済的負担は医学部生以上に高いといわれている。そのために借財を抱える若手法律家が多いことが、アメリカの弁護士の中で高収入を追い求める者が増加した原因の一つであるともいわれている。(4)また、我が国やイギリス等におけるような実務修習の制度はなく、ロー・スクールにおける教育も、実務の教育が中心なのではなく、我が国の司法研修所において実施されている実務的な教育とも共通性が乏しい。

アメリカの弁護士は、上院議員もいれば、アルバイトで何とか生活する弁護士もいるといった状況にあり、経済界、政界にしっかりと食い込んでいるとともに、我が国の司法書士、行政書士等とも重なり合い、さらには、事件屋などとも共通する実体もある。極めて競争が激しく、大規模事務所では、全国的、あるいは国際的な支店を設けた上、弁護士の専門化を進め、あらゆる分野のエキスパートを取りそろえようとしている。近時は、更に企業経営ないし経済界全体における弁護士の役割と影響力が高まってきているが、その反面、いわゆるビジネス・ローヤーが主力となり、プロフェッショナリズムが衰退していく傾向と弁護士内の階層分化が一層強まってきている。

㈢　ドイツ

約八万六、〇〇〇人。裁判官数と比べると約四・一倍の弁護士がいる。人口一〇万人あたりの弁護士数は約一〇五人であって、イギリスより若干少なく、我が国の八倍程度ということになる。一回目の試験合格、二年の修習、二回目の試験合格、各弁護士会理事会の判定及び州司法省の認可が必要である。

㈣　フランス

約二万九、〇〇〇人。裁判官数と比べると約六倍の弁護士がいる。人口一〇万人あたりの弁護士数は約五〇人であって、英米よりも少ないが、我が国と比べると四倍程度ということになる。法学修士の資格取得後一年間弁護士研修センターで研修し、弁護士資格検定証を取得した上、二年間弁護士の実務修習をし、最終試験に合格することが必要である。

㈤　スウェーデン

約二、八〇〇人の弁護士がいる（一九九二年の数字である）。人口一〇万人あたりの弁護士数は約三二人であって、我が国に最も近いが、それでも我が国の二倍を超えている。弁護士による法律事務の独占制度は存在せず、民事事件では、法廷出席も非弁護士が行うことができる。職業選択の自由が強調されている。法学士資格の取得後、五年間法律事務ないし裁判事務に就き、弁護士会の入会承認（非承認の例は少ない）を得れば弁護士を名乗ることができる。特別な試験は存在しない。裁判所職員から弁護士になる者も多い。公立の弁護士事務所もある。

3　裁判官

(一)　イギリス

イギリスの裁判官は種類が多く、かつ、非常勤の者も多いので、比較が難しいが、常勤の職業裁判官は一、一四六人、非常勤の職業裁判官であるいわゆるパートタイム・ジャッジが二、一九八人、これらの単純合計は三、三四四人である。(5)パートタイム・ジャッジを開廷日数からみて常勤裁判官の八分の一に該当すると仮定して換算の上、常勤裁判官と合算すると、約一、四二〇人ということになる。右数字を基にすると、人口一〇万人あたりの裁判官数は約二・七人である。ちなみに、我が国の裁判官数は二、八九九人であって、人口一〇万人あたりの裁判官数は約二・三人であるから、イギリスは、珍しく我が国と類似した裁判官数となっており、この点で、イギリスの裁判所は、我が国と似た基礎条件にあるといえる。なお、イギリスの民事訴訟事件数は、我が国が平成九年（一九九七年）で総数約四五万件、同一〇年（一九九八年）で総数約五〇万件であるのに対し、近年は約二〇〇万件から約四〇〇万件程度で推移しており、我が国よりもはるかに多い。一九九七年の一審の民事訴訟件数は約二三〇万件と減少しているが、それでも、裁判官一人あたりで約

一、六〇〇件と、我が国の約一五〇件の一〇倍以上に達している。実際、裁判官はかなり多忙である。もっとも、裁判官の関与しない和解により終局する割合が極めて高いため、証人尋問等をする正式公判の数は約二万件程度（裁判官一人あたり一四件）であって、正式公判後の判決の数はそれ以下となっている。我が国の対席判決の数は約七万三〇〇〇件（裁判官一人あたり二五件）であるから、我が国とイギリスとで、裁判官一人あたりの実質的な処理件数に大きな差があるわけではない（なお、他に刑事事件や家事事件等もあるので、各裁判官の実際の負担は、各国とも以上の各数字より重くなる。）。

弁護士実務に一〇年以上就いた者などの中から、勧誘、自薦等によって、実際上、大法官府（我が国の最高裁判所事務総局と法務省の一部に相当する）が裁判官を選任している。最初の採用は、弁護士としての業務経歴、当該地域の裁判所の上級裁判官や幹部職員による評価が有力な選考資料になるといわれている。選考の際の競争倍率はかなり高い。法曹一元制の母国ともいわれるが、職業的な専門の裁判官が中心を担っている上、近時、比較的若年での登用や順次昇格が多くなったこともあって、内実はキャリアシステムに近い面もある。また、前記のようにバリスターが裁判官予備軍ともいうべき性質を有するという特殊性もある。

㈡　アメリカ

アメリカの裁判官数は、連邦裁判所及び州裁判所を合わせて、約三万一、〇〇〇人である。人口一〇万人あたりの裁判官数は約一一・六人であって、我が国の約五倍であるが、弁護士の場合ほどの格差はない。アメリカの民事訴訟事件数は、約一、五七〇万件と極めて多い。裁判官一人あたりの一審の民事訴訟件数も、約五一〇件と、我が国の三倍以上に達している。しかし、イギリスほどではないが、やはり和解率が高く、正式公判の割合は、州や事件の種別で異なるが一％から一〇％程度である。(6)仮に三％とすれば、裁判官一人あたりの正式公判の数は、年間一五件程度となるわけであり、いずれにせよイギリスや我が国の場合と大きな差はないのではないかと思われる。

法曹一元制を採っており、選挙によって裁判官を選ぶ州が多いことも有名である。また、右の選挙の点のほか、陪審制を採っているため、裁判官が、認定判断をする者というより司会者的性格の者となっている傾向がある点などにも、我が国との大きな違いがある。

㈢ ドイツ

ドイツの裁判官数は、約二万一、〇〇〇人と、極めて多い。人口一〇万人あたりの裁判官数は約二五・六人であって、我が国と比べて一〇倍以上である。もっとも、民事訴訟事件数も、約二一〇万件と多いため、裁判官一人あたりの一審の民事訴訟件数は、約一〇〇件であり、我が国よりやや少ない程度である。なお、対席判決の割合は我が国と同程度である。

裁判官の任用は、地方裁判所レベルでは、先に述べた二回目の試験合格後に州の司法省が採用するキャリアシステムを採っている。年に数百人も採用される。裁判官数の方が書記官数より多い州もあり、一つの裁判所の職員の半数以上が裁判官であったりする。尋問調書の作成や事務連絡、書類作成等も裁判官の仕事であり、裁判官と書記官の職務の範囲が我が国の場合とかなり異なる。

㈣ フランス

フランスの裁判官数は、約四、〇〇〇人である。人口一〇万人あたりの裁判官数は約八・四人であって、我が国と比べて三倍以上である。しかし、民事訴訟事件数が約一一〇万件であって、裁判官一人あたりの一審の民事訴訟件数は、約二三〇件であり、我が国と極端な差はない。なお、対席判決の割合は我が国よりはるかに高く、裁判官の職務が判決書作成に集中している。ただし、その判決書は我が国より簡易なものが多い。

裁判官の養成及び任用は、弁護士とは別コースであり、競争試験により国立司法学院又は国立行政学院に入所し、その卒業生を司法省等において選抜する。共通修習もなく、我が国以上に徹底したキャリアシステムが採用されている。

㈤　スウェーデン

スウェーデンの裁判官数は、一九九一年で約一六四〇人であり、研修中の補助裁判官が約八四〇人、刑事事件の非法律職裁判官が約八、〇〇〇人おり、極めて多い。人口一〇万人あたりの裁判官数は、研修終了後の正規の職業裁判官のみで計算しても、約一九人であって、我が国と比べて八倍程度の差異がある。民事訴訟事件数は約三六万件であって、裁判官一人あたりの民事訴訟件数は、正規の職業裁判官を基準として、約二二〇件であり、我が国よりやや多い程度である。数の上では、事件内容が軽微なものが多いが、判決書はかなり詳細である。

裁判官の任用は、キャリアシステムであり、かつ、一般公務員と特に差がない。必要資格は、法学士資格のみであり、特別な司法試験や裁判官採用試験というものはない。法律職を目指す者は、行政官、司法官等の区別なく、まず、一般職として地方裁判所に入り、書記官的な仕事をして研修し、高裁の補助官への昇格を目指す。高裁での研修を成功裡に終えると、地裁の判事補に採用されるか、行政庁等に転出していく。その後も、いわゆるジグザグ昇進を繰り返して行くが、他の省庁に転出していく者も多く、逆に、一般省庁から幹部裁判官に転入してくる者もいる。待遇は行政官と格別の差はない。最高裁判所判事でも、司法省の課長職相当程度であって、我が国の裁判所の給与水準と比べると、若年の判事程度である。逆にいうと、書記官という職種が分化しておらず、法廷での録音機の操作から、書類作成等、ほとんどの事務を裁判官が自分で行っている。

4　訴訟手続

(一)　イギリス

民事通常事件の第一審は、ほとんどの場合、職業裁判官一人による単独法廷で審理される。証拠調べと弁論等をする正式公判（トライアル）は、完全な集中審理で行われる。裁判所は、二、三週間前に審理が近いことを予告した上、前日に期日指定をし、弁護士等の都合にかかわらず、終わるまで連続開廷する。正式公判が終了すれば、原則として、即日、口頭で理由を付した判決が言い渡される[7]。裁判官は、判決理由の書面化はしない。また、正式公判前の争点整理手続は、タイム・スケジュールと詳細な準則に従い当事者双方が行い、問題が生じた時のみ、争点整理段階専門の裁判官の決定を求めるという方式を採っている。原則的に当事者に任せるが、違反に対する制裁や裁判官が関与した場合のコントロールは、我が国に比べて非常に厳しい。証拠や主張の提出が遅れるとそれだけで訴えが却下されたり、認容されたりすることさえある。争点整理を完了しないと原則として裁判官の関与が得られず、右完了をして（提訴後平均二、三年かかる）正式公判を申し込んでも、かなり長期間（平均一〇箇月）審理の順番を待つことになる。

弁護士の負担と責任は、我が国よりも格段に重い。この違いは、我が国の裁判所を訪問した英国人バリスター等の驚くところでもある。ただし、最近の訴訟改革の方向は、裁判官の関与を増やし、争点整理段階の裁判所主導による迅速化を図る方向にある。

口頭主義、直接主義の元祖といわれるが、実際には、書面の活用を進めている。証人等の尋問は、原則として、事前に陳述書の提出が必要であり、かつ、陳述書に記載したことしか尋問することができない。正式審理の際には、各当事者がそれ一通で主張を完結させた書面が既に提出されている。そのほかにも、弁護士は、裁判所の求めにより争点整理をした要約書、争いのない事実をまとめた書面、文献判例目録等を提出しなければならない。

ロンドンの中央裁判所（ハイコート、コート・オブ・アピール等が入っている。）に行けばいつでも証人尋問や白熱した弁論が見られ、法廷の構造や手続は我が国と結構似ている。もっとも、弁護士（バリスター）と裁判官がかつらをかぶっていることや、弁護士も法服を着ていること等は目立つ差異である。しかし、このような法廷風景は、事件数からみると一般的なものとはいえない。民事事件全体の中では、我が国に比べて人証の尋問まで進む事件が極めて少なく、和解が極端に多い。一九九六年では、ハイコート（重要事件の一審等を担当するイギリスの代表的な裁判所である。）の新受事件数は約一七万件であるが、正式公判の申込み数は約四、二〇〇件、実施件数は約一、四〇〇件、そのうち正式判決に至ったものは約五〇〇件にすぎない。なお、中央裁判所の道路側に面した建物は、歴史的建造物というに近く、実際には、現代的な庁舎や明るい法廷も多い。

㈡　アメリカ

アメリカも、争点整理段階は当事者主導が原則であるが、近時は、裁判官の立ち会う準備期日を設ける例が増えている。また、イギリスと異なり、陪審裁判が原則ではあるが、実際には裁判官のみによる正式公判も多い。我が国よりも和解率が高いが、これも、わが国と異なり弁護士同士で行うのが原則である。

審理期間は、州ごとに差異が大きい。一九九六年の統計では、ニュージャージー州上級裁判所では、全体の平均が約一四ヶ月、対席判決の平均が約二〇ヶ月、人証のある事件では、裁判官による裁判が約二三箇月、陪審裁判が約三二箇月となっている。我が国の地方裁判所では、全体平均で約九・三ヶ月、対席判決で約一四・九ヶ月（平成一〇年司法統計）であるから、我が国より遅延が目立つ。カリフォルニア州上級裁判所では、一九九七年度は、一年以内処理事件が約五六％、二年以内処理事件が約三〇％である。我が国の地方裁判所につき同様の分析をすると、一年以内処理事件が、約七五％、二年以内処理事件が約一五％であり、やはり、平均的には、我が国よりも遅延している。

㈢　ドイツ

ドイツの公判は、原則として、三人合議制であり、職業裁判官のみによる審理が行われる。商事事件では一人の職業裁判官と二人の名誉裁判官の審理となる。法廷での尋問は多い。しかし、職権主義であって、裁判官による釈明と裁判官による本人尋問が中心である。争点整理段階から裁判官が関与し、一、二回の期日で裁判を終了することが多い。法廷には、通常、我が国のような書記官や廷吏はいない。裁判官一人だけですべてを処理している法廷もある。裁判官主導の審理で、どんどん判決するといった印象が強い。争いのある事件では、判決の割合が和解よりもはるかに多い。ドイツの裁判官等に我が国の裁判所を見せると、証人尋問の多さとその尋問の長さに驚かれることが多い。

㈣　フランス

平均審理期間は、約七ヶ月であって、我が国よりも短く、欧米諸国でも、最も迅速な部類に属する。

単独または三人の合議制であり、職業裁判官のみによる審理が行われる。この点では我が国と同じであるが、ほとんど証人等の尋問がない点が大きく異なる。書証または鑑定書に基づいた判断がされ、我が国よりも書面審理に近い。和解よりも判決が圧倒的に多く、各裁判官は、我が国の数倍の数の書面による対席判決を出している。ただし、我が国の判決よりも簡潔であり、判断の仕方もやや機械的なものが多い。

平均審理期間は、約九ヶ月であって、我が国よりも若干短い。

㈤　スウェーデン

原則として、三人の職業裁判官のみによる合議制である。地方裁判所、簡易裁判所の区別は廃止されている。集中審理制を採っているが、争点整理手続も裁判官が主宰し、一回または数回の準備期日が開かれ、弁護士ではなく裁判官が主張及び証拠を整理する。審理は、イギリス等とは異なり、徹底した直接主義及び口頭主義で行われる。[8]

文字通りの開かれた親切な裁判所であって、一件一件時間をかけて裁判官が懇切な主張整理等をしている。また、少額事件や個人間の訴訟が多く、企業の裁判所離れが極端に進んでいる。スウェーデンでは、裁判所が最も費用のかからない手軽な紛争解決機関であり、他方、費用負担に耐えられる者や公開を嫌う者はＡＤＲ機関を利用する傾向が定着している。平均審理期間は、六ヶ月程度であって、我が国の地方裁判所よりも迅速である。もっとも、我が国の簡易裁判所は、平均審理期間が全事件では約二・三ヶ月、対席判決で約三・三ヶ月、少額訴訟では約一・五ヶ月である（平成一〇年司法統計）から、これらに比べると、かなり遅いということもできる。

なお、「裁判官の裁判官による裁判」とでも評すべき面があり、民事訴訟における弁護士の役割は、英米はもちろん、我が国よりも小さい。人口に比べ極端に多数の裁判官と多額の司法予算（人口比で換算すると、一九九二年当時でも一兆円を超える。）に裏付けられた社会主義的傾向の強い司法制度ということができるであろう。

㈥　イタリア(9)

職業裁判官による審理が行われる。審理は二段階に分かれ、当初は一人の事実審理裁判官が審理する。ただし、二時間程度の一回の期日に三〇件から六〇件程度の事件を指定して、審理するものである。書記官の立ち会いもなく、法廷ではなく裁判官室で行われることが多く、法服の着用もない。弁論調書等の案文も弁護士が記載して裁判官に提出する。裁判官による争点整理段階があるとはいっても、スウェーデンのような丁寧な審理とは対局にある。フランスのように書証中心の裁判であって、鑑定が重視されるが、フランスと異なり、証人尋問もかなり行われている。ただし、内容は、数分程度であり、裁判官が尋問するか、又は弁護士間で実施した尋問調書を提出するだけであり、我が国で予想されるようなものではない。期日間の間隔も長く、平均六箇月前後という報告もある。

第二段階は、三人の合議体による審理である。ただし、合議体の審理期日においては、実質的審理は何もないのが通常であって、判決をするだけである。事件の処理状況は、フランスと同様、和解ではなく判決に偏っている。裁判官の手持ち事件数は、都市部では一、〇〇〇件、二、〇〇〇件などといったレベルに達しており、審理期間も、判決を要するものについては、地方裁判所で三年程度と報告されており、我が国よりも遅延が顕著である。

5　陪 審 制

(一)　イギリス

陪審制の母国であり、その歴史は、一一世紀ないし一二世紀ころにさかのぼる。一三五二年に制定法化された。一三六七年の判例により陪審の不可侵が確立した。しかし、民主主義との関係は疑問である。むしろ時代時代の経済的権力を握った貴族、封建領主、地主、資本家等が、武力上の権力者である国王の裁判官による資産等の収奪を防ぐため、仲間の許可を裁判の条件にしたものという評価も可能である。したがって、元々は、陪審員は名士である。誰でも陪審員になれるとか、女性の陪審員といった発想はなかった。少しずつ資格が緩和されたが、地主や家長に限らない完全な普通陪審制度は、ようやく一九七四年に導入されたものである。

丁度普通陪審に近づいていったころ、今度は、裁判所が陪審裁判につき消極的になっていった。一九六五年の判決で、民事裁判官は自由裁量により陪審裁判を拒否できるとされた。現在、違法逮捕、名誉毀損等の例外的な事件を除けば、イギリス中で民事陪審は行われていない。これはアメリカを除く多数の英米法系諸国にほぼ共通な現象である。

なお、刑事事件では、当事者が希望すれば必ず陪審裁判をするという権利陪審制が存続している。訴訟扶助制度の完備後、陪審裁判がまた増えており、現在も相当数実施されている。もっとも、数の上では、全刑事事件中の一％程度が陪審裁判によっているのであって、刑事裁判一般が陪審制になっているわけではない。また、一九六七年に、陪審員への圧力や買収等への対処方法として刑事陪審における一〇対二の多数決制が導入された。そのほか、意見が分かれると、検察官が再陪審の申立てをすることができるので、有罪評決が出るまで二、三度陪審を取り替えることがあることや、陪審員へのチャレンジ（忌避）に消極的なこと等も含め、アメリカにおける実情とは差異が大きい。

陪審を巡る雰囲気は、建前上は、陪審は憲法上の要請であるとか、イギリス法の生み出した華であるなどと言われ、賞賛されている。しかし、民事陪審の権威は必らずしも高くない。名誉毀損事件で陪審裁判が行われ、何千万円もの評決が出たが、勝った弁護士も受け入れられないとして判決後に低額の和解をしたことが大きく報道された例もある。刑事陪審は残っているが、イギリスでは、刑事裁判への批判はかなり深刻であり、陪審裁判により有罪となった重大事件につき、裁判官による再審無罪判決が相次いでいる。筆者の見聞でも、有罪評決に要する証拠のレベルは、必ずしも高くないように見受けられた。また、複雑な陪審事件では、長時間の審理と周到な準備を要するため、訴訟費用が数千万円に達することが珍しくなく、数億円を超える例さえもある。

ロード・デニング（人権派の硬骨漢裁判官として著名であった。）の陪審についての論文[10]を読むと、陪審制を強く擁護しているが、「複雑な刑事事件については、専門家による特別陪審を」、「軽い刑事事件については、権利陪審を廃止する。」、「陪審員は、推薦と面接テストにより適任の者のみを選ぶ。」、「チャレンジ（陪審員に対する専断的忌避）制度は全廃」等の提言がされている。

㈡　アメリカ

イギリスの古い時代の陪審制度を引き継いで保存してしまったという面と、独自の民主主義的な発展の両面がある。現在も、積極的に利用されており、民事訴訟については、世界的にも珍しい状況といえよう。民主主義、個人主義に根拠を有するものと解されている。

また、裁判官制度と陪審制も相互に関連しているものと思われる。すなわち、アメリカの裁判官は、元弁護士であって、選挙による任命が多く、実業界等ともパイプがあるのが通例である。転勤もなく、地域との密着感が強い。アメリカの弁護士等と話すと、「刑事陪審は犯罪状況によっては将来制限されるかもしれないが、民事陪審はなくならない。」といった話さえある。すなわち、裁判官への敬意は高いが、それでも、金の絡むことや重要な事柄を裁判官にすべて任せるのは相当でないという考え方が、陪審制の背景としてあるように思われる。

㈢　フランス及びドイツ

一八世紀末から一九世紀にかけて、フランスやドイツも、陪審制を導入した時期がある。しかし、いずれも、その後廃止され、復活していない。

6　参審制等の司法参加

㈠　イギリス

(1)　トライビューナルの参審員

イギリスでは、通常民事事件以外の特殊事件、例えば、租税、年金、労災、土地紛争、入国管理、労働事件等多種類の事件につき、多数のトライビューナル（特別裁判所ないし審判所）が設けられている。このようなトライビューナルでは、法曹資格のある者が裁判長を務め、当該分野の専門家が一人ないし三人、参審裁判官として加わる仕組みのものが多い。なお、トライビューナルは、沿革上の理由により、比較的独立性の高いものから司法裁判所内の特別部に近いものまで、種々のものがあるが、現在では、大法官府の管轄下に組織されているものが多くなってきている。

(2)　マジストレイツコート

刑事の軽微事件及び予審並びに家事・行政の軽微事件を担当している裁判所である。科刑権は我が国の簡易裁判所より小さく、罰金や六ヶ月以下の懲役等に限られる。

大多数のマジストレイツコートでは、非職業的素人裁判官であるマジストレイトが三人ないし六人位の合議制で審理する。その代わり、書記官に法曹有資格者を充てており、実際の手続等はある程度書記官が主導している。地方議員、幹部公務員、企業経営者、金融機関等の管理職、医師、弁護士（ソリシター）等が多く、一部には他の裁判所の幹部職員も含まれている。マジストレイトは、裁判所と地域との結びつきを作っているという効果も有する。歴史も古く、裁判所にとって、自分の有力な支援団体でもある。

なお、批判としては、ポリスコート（警察と親和的であるという意味）であるなどといった批判がある。また、都心部に設置され単独の職業裁判官によって審理がされる一部のマジストレイツコートに比べて、数倍のコストがかかっているという問題がある。

(3)　パートタイム・ジャッジ

弁護士（主にバリスター。民事の下級裁判官はソリシターも多い。）が、一年間のうち約一ヶ月間又は一ヶ月ずつ二回程度、裁判官として勤務する制度である。毎日一定時間とか、特定の曜日にだけ勤務するというものではなく、所定の期間は継続して裁判官としてのみ勤務するものである。下級裁判官に多いが、上級裁判官にもこのポストが若干数ある。研修養成期間兼昇格テストという面が強いが、常勤裁判官の定年後の再雇用という機能や、長期休暇の代替要員確保の機能も果たしている。昇格のための経過ポストと考えている者、裁判官役も行うことができて楽しいとして一定ポストのまま勤務を継続する者、法曹としての義務であると考えている者など、実態は様々である。約二、二〇〇人もおり、裁判所の重要な一翼を担っている。安上がり司法にすぎないという批判や、いつまでも昇格できないなどといった不満もあるが、イギリスでは、既に十分に定着した制度になっていると考えられる。

㈡　ドイツ

刑事事件は、高裁一審の重大事件では職業裁判官五人で、地裁の大刑事部では職業裁判官三人、参審員二人で、地裁の小刑事部では職業裁判官一人、参審員三人で、区裁判所の参審裁判所では職業裁判官一人、参審員二人で、各審理される。

通常民事事件では、参審制は採られていない。商事裁判所、労働裁判所、行政裁判所、社会保障裁判所等の特別裁判所では、非法曹の名誉職裁判官が加わる場合が多い。その加わり方は、職業裁判官一人、名誉職裁判官二人のものと、職業裁判官三人、名誉職裁判官二人のものとがある。

㈢　フランス

特に重い犯罪を審理する重罪裁判所では、三人の裁判官に九人の参審員が加わる。それ以外の通常の刑事事件や、民事事件については、参審制は採られていない。

㈣　スウェーデン

刑事裁判の場合、一定クラス以上の犯罪になると、裁判長は職業裁判官であるが、他に参審員三人が加わる。スウェーデンにおける参審は、中世の一四世紀ころからのスカンジナヴィア法の伝統による極めて古くからの制度である。陪審と違い、事実認定、法の適用、量刑等すべての面で、裁判長と合議して、これらを決定する。参審員は無作為抽出ではない。地方自治体による選出で、任期は三年であって、通常再任される。原則として一年に一〇日勤務する。名誉ある地位である。ただし、民事裁判には関与しない。

7　ADR

ADR（代替的紛争解決機関）とは、裁判所及び審判所以外の機関で、仲裁、調停等の手段により紛争を解決するものである。ヨーロッパでは、会社組織の民間紛争解決機関や会員制による互助会的な私設裁判所が、一般的なものになってきている。特に、スウェーデンでは、企業間の事件では既に公的裁判所を上回る重要性を持ち、職業裁判官のアルバイトも多い。イギリスでも、従前から商事事件等については私的仲裁機関が発達していたが、近時はそれに限らず、広くADRを活用すべきことが提唱されている。ただし、企業や富裕な者しか利用することができないという評価もある。そのため、スウェーデンでは、消費者保護や経済的弱者の保護のため、仲裁契約を結ぶことを一部制限している。

8　各国と比較した我が国の司法の位置付け

我が国の民事司法は、弁護士数、裁判官数、事件数等といった客観的な基礎条件をみると、弁護士数の極めて多い英米型とも、裁判官数が多くいわゆる大きな司法を持つドイツ・スウェーデン型とも異なり、強いていえば、裁判官数及び弁護士数ともさほど多くないフランス型に比較的近いが、より規模の小さい司法になっていると評価することができる。しかし、審理方式を見ると、我が国は、フランスのような書面中心主義、職権主義を採っておらず、基本原理としては英米のような当事者主義を採用し、証人尋問等の人証調べを相当程度行う実務を維持しており、かつ、弁護士の都合を聞いた期日指定をし、何度も期日を開くなど、弁護士業務の実情にも合わせた審理を行っている。しかし、このような審理方式を採る場合に訴訟を担うべき弁護士の数については、裁判官数と比較すると、我が国は約五・八倍であって、審理方式の大きく異なるフランスの約六倍やドイツの約四・一倍と同じ程度であり、当事者主義を採るイギリスの約五六倍、アメリカの約二九倍とは、極端な差がある。大きな観点から見れば、我が国の司法は、その審理方式と比べて弁護士数が少ないため、少し無理があり、それが審理の遅延や裁判官の負担に結びついているのではないかと思われる。

また、司法への市民参加という視点から、各国の陪審、参審、素人裁判官、パートタイム・ジャッジ等の諸制度を考察するとしても、これらは、各国の歴史的産物であって、人為的なものである。当該国家の他の司法制度や法曹制度等と密接に関連している上、各国ごとの基礎事情も異なる。単純に見習うことはできないし、どちらが進歩しているとか、どちらが正しいなどといった問題ではないと考えられる。例えば、スウェーデンでは、民事の陪審制や法曹一元制はないが、スウェーデンの民事裁判所が利用しやすい庶民的な裁判所であることは明らかであり、これを国民との距離の遠い裁判所と評する者はいないであろう。各制度の我が国への導入の当否を考えるのであれば、我が国における基礎事情や国民性等に照らして、総合的に検討する必要がある。詳細は、項をあらためて論じたい。

（1）　本章の記述内容は、筆者の見聞、各国の司法統計及び朝日新聞平成一一年五月二七日朝刊二九面「司法願いは安・簡・早」という記事中の各国比較表に基づくほか、最高裁判所事務総局「外国の民事訴訟の審理に関する参考資料」民事裁判資料二〇四号（法曹会）及び「世界の裁判所」海外司法ジャーナル別冊一九九五年（最高裁判所判例調査会）や、三村量一「ドイツ連邦共和国における民事訴訟実務の現状について」ヨーロッパにおける民事訴訟の実情（上）（法曹会）一五九ないし二五二頁、野山宏「フランス共和国における民事訴訟の実情について」ヨーロッパにおける民事訴訟の実情（下）（法曹会）一ないし九五頁、野山宏「イタリア共和国における民事訴訟の実情について」ヨーロッパにおける民事訴訟の実情（下）（法曹会）九七ないし一五〇頁、大鷹一郎・古閑裕二・森英明「アメリカにおける民事訴訟の実情」（法曹会）等を参考としたものである。英米独仏につき、更に全般的な手続及び司法運営状況を調べるならば、大喜多啓光・西謙二・佐久間邦夫・三村量一「ドイツにおける簡素化法施行後の民事訴訟の運営」司法研究報告書四三―二、山下郁夫・野山宏・小林久起「フランスにおける民事訴訟の運営」司法研究報告書四四―一、浜野惺・井上哲男・吉田健司・杉原則彦・後藤博・八木一洋「アメリカにおける民事訴訟の運営」司法研究報告書四六―一、萱野博之・森義之・松並重雄「イギリスにおける民事訴訟の運営」司法研究報告書四七―一、高世三郎・西川知一郎「フランスにおける行政裁判制度の研究」司法研究報告書四九―一（いずれも法曹会）も、合わせて参照されたい。なお、手軽に各国の司法制度の特徴を把握するには、前掲「外国の民事訴訟の審理に関する参考資料」七三頁以下の座談会が便利であり、かつ、在外研究をした裁判官の本音の感想が語られていて、興味深いものと思われる。外国の司法に関しては、そのほかにも多数の優れた文献があるが、その紹介は、右各文献中の文献目録等に譲りたい。

(2) イギリスの法曹養成制度についての分かりやすい文献として、長谷部由起子「イギリスの法曹制度と法曹養成の実情」ジュリスト一〇三八号一一八頁がある。また、イギリスの弁護士の養成制度と活動状況に関する最新の詳細な調査報告として、鈴木健太「英国における裁判官任用制度及び弁護士養成制度等について（中）、（下）」判例時報一六九三号三一頁、一六九五号三三頁がある。なお、萱野博之「英国の司法―民事訴訟を中心として㈠」司法研修所論集一九九一―（八五号）一九頁以下にも、簡単に説明してある。

(3) イギリスの弁護士制度については、Michael Zander, The State of Knowledge About The English Legal Profession, Barry Rose Publishers, 本間正浩「イングランドにおける『弁護士』業務(1)、(2)・完」自由と正義一九九八年五月号七二頁、同年六月号五四頁に詳しい。筆者の見聞は、菅野博之「英国の民事訴訟」ヨーロッパにおける民事訴訟の実情（上）（法曹会）三七ないし四三頁で述べている。

(4) 前澤達明「米国のロースクールにおける法曹養成の現状と問題点」ジュリ一一六九号八九頁は、アメリカのロースクールの学生の多くが数百万円の借入金を抱えて卒業し、平均で収入の約一六％をその返済に充てており、卒業生の一五ないし二〇％が債務不履行に陥っているという分析を紹介している。

(5) 前掲・菅野博之「英国の民事訴訟」二一ないし二四頁。なお、イギリスの裁判官制度に関しては、鈴木健太「英国における裁判官任用制度及び弁護士養成制度等について（上）」判例時報一六九二号三六頁を参照されたい。

(6) 前掲・朝日新聞平成一一年五月二七日の各国比較表によれば、アメリカの一九九二年における対席判決の割合は三・三％であって、我が国の一九九七年の二九・一％の約一〇分の一である。なお、統計資料によれば、州ごとや事件ごとに正式公判の割合や対席判決率は大きな差があるが、いずれも、我が国以下である。

(7) 各国の民事判決書の特徴や実例が最高裁判所事務総局「外国の民事判決書に関する参考資料」民事裁判資料一八一号（法曹会）にまとめられている。便利な資料である。

(8) スウェーデンの民事訴訟手続の概要については、菅野博之「スウェーデンにおける民事訴訟の運営」ヨーロッパにおける民事訴訟の実情（下）（法曹会）三三一ないし三六五頁参照。スウェーデンの司法に関する本格的研究書としては、萩原金美「スウェーデンの司法」（弘文堂）がある。

(9) 前掲・野山宏「イタリア共和国における民事訴訟の実情について」参照（なお、筆者はイタリアの裁判実務について研究した経験はなく、イタリアにおける実務の記載は、専ら右論文によっている）。

(10) Lord Denning, What Next In The Law, Butterworths, pp. 70–78.

三　司法へのニーズとその変化

1　サーヴィスとしての司法

民事裁判は、第一に、国民の税金によるサーヴィス業という面と、第二に、国家権力による法治主義の実現という面を有する。第一の面につき、マクロの観点から評価すれば、①提供されるサーヴィスの水準（適正・迅速・公平）、②利用しやすさ、すなわち、アクセシビリティー（手数料・弁護士費用等の負担、出頭の手数や時間、手続の簡便さ等）と、③コスト（司法の公的費用）の三点の相関関係で考えるほかない。また、第二の面における優劣は、第一の面と同じ裁判の水準（適正・迅速・公平）と、もう一つ④司法の民主化ないし司法への市民参加という観点から評価されることになろう。そして、これらは、国民一般の立場から評価されるべきものであり、かつ、いずれも重要な点であるから、当該国家の歴史の中で積み重ねられてきた各国固有の価値感とその時代ごとの社会的風潮に照らして、各点のバランスの適否が量られていくべきものと考えられる。

2　アクセシビリティーの改善

現在、先進諸国では、国家作用一般につき、サーヴィス業としての側面について再検討がされるようになりつつある。司法の分野についても、イギリスや我が国では、この観点から、前記の各点のバランスを取る上で、②のアクセシビリティーが、以前よりも重視されるようになっているものと考えられる。殊に我が国では、人口と比べて裁判の件数が少ないことや、古くから一般に、民事紛争の解決手段のうち弁護士によるものを含めた法的解決の占めるシェアが一、二割程度であって、暴力団や事件屋よりもウエイトが低く、その中で訴訟に進む割合は更に低いなどといわれていることを考えると、アクセシビリティーの改善は急務である。そして、裁判の利用のしやすは、費用負担とともに時間が重要であり、かつ、我が国では、国民の経済力の向上と時間の価値の増大に伴って、利用しやすさという観点においても、迅速さの比重が近時一層増しつつあるものと考えられる。また、迅速であれば、費用負担の低下にも結局つながるものと考えられる。各種の調査やマスコミの報道等によっても、裁判を利用したいという需要は相当あるにもかかわらず、実際には、時間と費用がかかり過ぎるため、裁判が利用しにくいという点が一番問題となっており、市民の司法に対する最大の要求が、より迅速かつ安価な裁判という点にあることは、明らかであろう。(11) さらに、①のサーヴィスの水準という面でも、遅れた正義は正義ではないという言葉に示されるように、裁判内容の適正という点だけではなく、迅速さが適正と並ぶもの又は適正に含まれるものとして、大きなファクターになりつつあると考えられる。

我が国の裁判は、前述のように、諸外国と比較すれば、必ずしも遅延しているというわけではないのであるが、それは、いわば法曹の間でだけ通用する議論であろう。一般社会の感覚からすれば、弁護士に依頼後一、二ヶ月して何らかの進展がなければ、不満が募るはずであり、また、事業者であれば、半年あるいは一年後に資金が回収されても何の意味もないこともあるはずである。九ヶ月とか一年半などという期間は、利用者の観点からすれば、遺産争いなど元々長期間継続している紛争を除けば、余りにも長過ぎるものと思われる。(12)

したがって、迅速かつ安価な裁判により、アクセシビリティーを大きく改善することが、最も望まれるところであろう。現在進められているイギリスの司法改革も、裁判所、弁護士会とも、基本的にこのような方向に立って、これを実現しようとしているものである。(13)

3 司法の公的コスト

前記③のコスト（司法の公的費用）については、迅速かつ安価な司法が実現するのであれば、ある程度上昇させてもよいという見解はあり得よう。しかし、新聞報道等からうかがわれる世論の傾向や近時の財政事情、さらには現在の公的サーヴィス一般に関する世論等に照らせば、これを大幅に上昇させてよいという国民的合意は、我が国にはまだ存在しないのではないかと思われる。

また、民事司法は、刑事司法と異なり、全国民が利用し、あるいは国民の一般的な福利安全等に影響するというものではないので、税金により賄うべき程度には限界もあろう。近時、事前規制型の社会から自己責任と事後規制型の社会に変えていくためには、司法の役割がさらに重要となるということが、よく言われている。この論調自体は、基本的には正論であり、社会的ニーズの増大に合った司法の充実を急がなければならない。しかし、例えば、右の議論に最も関係する行政訴訟の事件数は、一般の民事訴訟の事件数の百分の一以下にすぎないのであり、また、消費者保護や食品、医薬品規制等市民生活に関係する規制全般を廃止して私人間における司法的解決に転換せよというようなところまで国民の支持が得られるとは到底思われないところであろう。さらに、後述するように、大きな司法にすることが司法へのアクセス改善の唯一の方策ではないこと等も考えると、前記の議論から司法部全体を肥大化させることを根拠づけるのは、大きな飛躍があろう。

現在の国民感情としては、国民の利便に直接結びつくような個別の具体的施策の実行のために司法の公的コストがある程度増加しても許容される可能性はあろうが、例えば、ドイツやスウェーデンのような極めて規模の大きな司法を実現することは、少なくとも現時点の世論とはかけ離れた試みといわざるを得ないように思われる[14]。

(11)　読売新聞平成一〇年一二月二七日朝刊一八面の「司法改革」等と題する記事によれば、同新聞の全国世論調査によると、裁判について改善すべき点としては、審理の迅速という選択肢を選んだ者が六三・五％と第一位で、費用を安くするという選択肢を選んだ者が四九・一％で第二位であり、迅速審理を望む者が多く、費用の問題も提訴をためらう一因になっているとされている。また、前掲朝日新聞平成一一年五月二七日「司法願いは安・簡・早」でも、イギリスの司法改革と対照しながら、安い費用で簡単に紛争を解決したいという国民の気持ちは共通しているとしている。

(12)　裁判官をしていると、知人等から裁判や法的紛争について、苦情や相談を持ちかけられることが多い。このような相談には、職業柄内容的に深入りすることはできないが、やはり、裁判をしても何の進展もないとか、弁護士に頼んだのにいつまでたっても解決しないなどといった話が多い。その際に一番驚くのは、彼我の時間感覚の違いである。筆者からすれば、例えば、弁護士に依頼して三ヶ月たつのに何も進展しないと言われても、別に不思議に思わないわけであるが、一般的には、一ヶ月どころか一週間経過して動きがないとして裁判不信あるいは弁護士不信に陥っていることもある。紛争当事者としては、月単位ではなく、日又は時間単位で、苦慮し、悩み、あるいは企画を立てるなどしているのだということを痛切に感じるところである。

(13)　古くから近代的司法制度を整備し、当事者主義、直接主義、伝聞証拠排除、手続の適正、陪審制、法曹一元等、我が国で通用している種々の基本概念の母国であるイギリスにおいても、ここ十数年大きな司法改革が相次いでおり、現在も、より抜本的な改革を行おうとしている最中である。その眼目は、司法へのアクセスの大幅な改善という点にある。迅速な手続と費用の低減、素人でも分かりやすい手続等が企図されており、法律業務の自由化も進展しつつある（長谷部由紀子「イングランドの民事訴訟制度改革」成蹊法学四三号六九頁、松嶋真澄「イギリス民事訴訟制度改革の動向（一）―一九九五年ウールフ中間報告を中心として」法学論叢六九巻三・四・五号合併号二九九頁、住吉博「なぜイギリスの民事訴訟法は改正されねばならないのか―手続における正確さと無駄のなさの妥協」司法研修所論集九五号一二九頁、同「民事訴訟法改正ウールフ報告抄解―定着する小額請求裁判権」法曹時報四七巻一二号三一頁、高橋郁夫「英国の司法問題と我が国の民訴法改正への示唆」司法研修所論集九〇号七四頁、菅野博之「イギリスにおける訴訟改革と我が国の実務についての雑感」判時一六二四号二三頁の二章及び四章、前掲・菅野博之「英国の民事訴訟」一五ないし一九頁、一五一ないし一五七頁）。なお、改革の提言は、Lord Woolf, ACCESS TO JUSTICE, Final Report, July 1996（HMSO）にまとめられており、また、その後、司法改革についてのいわゆるホワイト・ブックも公表され、立法措置も進められているとのことである。

(14) 前掲・読売新聞平成一〇年一二月二七日記載の世論調査によれば、日本の裁判について改善すべき点として、裁判官・検事・弁護士の数を増やすという選択肢を選んだ者は、わずか九・六％にとどまっている。

四　アクセシビリティーの改善策

1　普通の人が普通の感覚で利用できる裁判所へ

前述したところからすると、抜本的に国民と司法との距離を近づけるためには、裁判のスピードを大幅に上げることが最重要であろう。そうすれば、もっと事件を裁判所に持ち込みやすくなるはずである。普通の人が普通の感覚で利用できる裁判所にする道は、それしかないのではないかと考える。以下、当然のことも多いであろうが、右の点を中心に、若干私見を述べたい。

2　主張及び証拠の早期提出

迅速な裁判の実現には、極めて単純なことではあるが、第一に、新民事訴訟法の理念の一つでもある主張及び証拠の早期提出を完全に実行してもらうことが、最も重要であろう。その上で、争点整理手続と和解の適正な運用及び人証調べが必要な場合には集中的証拠調べを組み合わせることにより、通常の事件についてはかなり大幅な迅速化が実現するはずである。

3　集中的審理

第二には、古くからの問題ではあるが、期日間の間隔の短縮が重要であると考える。従前は、余り早い期日を提案しても、弁護士の都合により応諾してもらえないことが多く、これは、我が国における弁護士業務の進め方の実情等に照らし、やむを得ない面も大きい。しかし、将来的には、法曹全体の業務感覚の変容や弁護士数の増加のほか、組織的な弁護士業務の増加、受任当初における十分な調査の徹底等により、イギリスのように裁判所の空いている最短の期日に審理ができるようになる状況に近づくのではなかろうか。

4　特殊事件の審理の迅速化

第三には、特に長期化が問題となっている複雑かつ専門的知識を要する訴訟や、公害・薬害等の大型訴訟、集団訴訟等の特殊な訴訟についての特別な手当てが問題となろう。この点は、極めて大きな問題であり、筆者に詳細を論ずる能力はないが、例えば、迅速化のための手続の見直し、各特殊事件の類型ごとの運用マニュアルの一層の整備、裁判所における専門部の拡充や人的手当て、裁判官の研修、専門的弁護士の養成等、多角的な検討が一層進むことが期待されよう。なお、平成一〇年度司法研究として、「専門的な知見を必要とする民事訴訟の運営」が研究されており、その概要が最近公表されている(前田須司・高橋譲・中村也寸志・近藤昌昭・徳田園恵・判タ一〇一八号四頁)。

5　広報と宣伝

第四に、現状では、アクセシビリティの改善と開かれた司法制度を実現するためには、まだまだ、広報、宣伝の必要な段階であると考える。裁判所というより、法曹界全体が仲間内だけのギルド社会になっていて、入り込み難いし、一般に知られていない。そのため、議論もかみ合わないし、誤解も多い。例えば、我が国の裁判が順調に進んだときは英米とよりもかなり迅速であることは、かえって外国の弁護士等が知っていることがあるが、国民には余り知られていない。簡易裁判所では、平均三ヶ月未満で事件終了することや、民事訴訟の手数料（印紙代）が、一審で訴額一、〇〇〇万円の場合で、一〇万円以下（五万七、六〇〇円）であることなどは、ほとんど知られておらず、正式な訴訟のほかに簡便な手段として民事調停や支払督促の手続があることなども、余り知られていない。地方裁判所、家庭裁判所、簡易裁判所の役割の違いさえ、周知の事柄ではない。また、逆に、裁判所関係者も、月あるいは週単位で手続を論ずるなど、社会の常識と隔絶している点があるように思われる。

このような状況を改善するには、我が国の裁判所も弁護士会も、もっと広報活動をし、種々の紛争解決手段があることや、その手続の概略、有用性等を知らしめるべきである。個々の裁判官や弁護士も、日頃から、職務の際や機会をとらえて、宣伝、啓発等に努めるべきであろう。そして、市民からの反応をも吸収するように努めるべきである。このような努力が、司法と市民との距離を近づけ、利用しやすい司法への一助になると思われる。

イギリスのマスコミでは、単なる事件報道ばかりではなく、司法批判や、訴訟手続の改革、司法政策、更には法律分野の専門的な問題に関する報道までも、かなり広く行われている。我が国のように速報性を追うばかりではなく、十分検討された地に足のついた判決報道も多い。筆者の在英中にも、裁判批判専門のレギュラー番組や、刑事司法批判の特集番組、民事訴訟手続とその改革を追う連続番組等に接することもあった。また、二度目の在英中には、司法制度改革と司法の独立、裁判官選任の政治性等をテーマとし、裁判所長官が主人公となっているテレビ映画(16)も、見ることができた。この種番組を土日の夜にテレビで放映しているという点にも、彼我の市民と裁判との距離の違いを痛感させられるところである。

なお、裁判を公開することだけで開かれた利用しやすい裁判が実現するものではない。イギリスやスウェーデンでも、傍聴人が多いのは、首都の観光客のいる中心的裁判所だけであり、普通は関係者しか来ない。しかし、傍聴には宣伝の効果があり、また、経験上、学生や児童の傍聴にはそれなりの意義がある。裁判と市民との感覚的距離感を近づけるためにも、人事訴訟や特殊な事件以外では、傍聴しやすい環境作りは意義のあるところであろう。また、正直に言うと、裁判官も、相当数の傍聴人のいる方が気持ちが良い場合が多い。

6　基礎的条件の改革—弁護士数の増加

第五に、基礎的条件にかかわることとしては、①現在のような当事者主義、直接主義の審理方式を維持するならば、弁護士数をもう少し増加させるとともに、弁護士実務における訴訟事務の組織化[17]等を進める方向を採るか、または②現在程度の裁判官と弁護士の比率を維持するのであれば、裁判官の増員及び裁判所による手続のコントロールをより強くする方向に向かうしかないと考える。もちろん、この二つの選択肢は、いずれか択一とは限らないであろうが、私見を述べれば、我が国の民訴法の規定や理念、訴訟実務及び②の選択肢は現在より大きな公的コスト負担につながることを考慮すると、基本となるのは①の選択肢ではないかと思われる。なお、裁判官の増員は、その数倍の裁判所職員の増員と法廷や執務室等の新設を伴うことを忘れてはならない。

この点に関し、我が国では、極端な裁判官の不足が裁判の長期化を招いているという指摘も多い。しかし、前述のように、裁判の迅速化のために行うべきことは、人員増に限られるものではない。また、裁判官数のみを増やしたからといって、審理の促進に最も役立つ主張及び証拠の早期提出や、今でさえ短期間又は集中的には期日を入れにくい状況の改善につながるものではない。しかも、確かに、先に述べたとおり欧米諸国と比べて我が国の裁判官数は少ないが、その少ないという程度は、イギリスより若干少なく、アメリカの五分の一、ドイツの一一分の一、フランスの三分の一弱である。他方、弁護士数は、イギリスの一二分の一、アメリカの二六分の一、ドイツの八分の一、フランスの四分の一である。単純に見ても。弁護士数の少なさの方が目立つ。また、より重要なことは、職権主義型の司法ではなく、英米のような当事者主義を基本とした訴訟実務を維持しようとする限りは、英米より弁護士数が一けた少ないというのは極端にすぎるということである。アクセシビリティーを改善し、事件増も期待しながら、英米型の対局にあるドイツ、フランスよりはるかに少ない弁護士数で頑張り続けることには、限界があると考えられる。前述したように、裁判官数と弁護士数の割合を見ても、我が国は約五・八倍であって、審理方式の異なるフランスの六倍やドイツの四・一倍と同じ程度なのである。もっとも、例え、司法試験合格者を一、〇〇〇人あるいは一、五〇〇人にしたとしても、我が国の弁護士数がフランス並み（人口比で我が国の約四倍）になるだけでも、数十年かかるわけであり、短期的効果は乏しい。また、突然に大幅な増員をして、弁護士の質の低下を招いては、訴訟の迅速化どころか司法サーヴィスの水準低下や司法全体への信頼を損ない、ひいては司法と市民との距離が更に開いてしまうことにもなりかねず、かえってマイナス面が大きいであろう。[18] このように考えると、本章の**2**ないし**5**で述べたように、手続と実務の改善を粘り強く進めることが最重要であって、次いで、質を維持し得る限度で弁護士数の段階的増加等に取り組むべきように思われる。

7 法律扶助の拡充

法律扶助制度とは、裁判手続における弁護士費用や法律相談の費用等を立て替えたり、給付したりする制度のことである。裁判提起の印紙代を一時免除する訴訟救助制度と並んで司法的救済を図るための経済的支援策の一つであるが、一般的には弁護士費用の方が印紙代よりもかなり高額であることからすると、本当は、訴訟救助制度よりも重要であると考えられる。

我が国では、日本弁護士連合会が中心となって設立し国が補助している財団法人法律扶助協会が立替金方式による扶助を行っている。しかし、欧米諸国に比べて扶助対象の範囲が狭く、制度自体の規模もはるかに小さいことや、立替金を償還させることの困難性等が従来から指摘されている。したがって、この扶助制度の拡充が利用しやすい司法を作るために大きな効果があることは、明らかであろう。ただし、財政問題や、立替型、給付型、折衷型のいずれを採るべきかの問題、対象者層、対象業務、扶助金額の水準、運営主体等、種々の複雑な問題があり、その将来像を提示することは、筆者の能力を超えるところである。

現在も、改革作業が続いており、平成一二年から国の補助額の大幅な増加についての予算措置が執られるとの報道もされている。改革案の内容の紹介やこの分野の先進諸国の調査等も行われているので、各問題点については、最近の文献に当たられたい。(19)

(15) 代替性のある組織的な弁護士業務、受任の初期の段階における詳細な陳述書の作成等は、イギリスでは、既に確立した弁護士実務である。だからこそ、裁判所の都合に合わせた期日指定や、それによる効率的な裁判官及び法廷の活用が可能になるわけである。

(16)　BBC 2 "The Law Load"（最高裁判事）。専門的な内容も含むが、突然の任命、幹部裁判官への脅迫や司法部内での孤立、裁判官としての良心の目覚め、娘の誘拐による圧力、弾劾裁判所での大演説と勝利、そして、政府機関の者による主人公の暗殺へと進み、全体としては、かなりドラマチックなサスペンス劇となっている。

(17)　必らずしも大事務所が好ましいという趣旨ではない。一人事務所であっても、訴訟事務についての他の弁護士との共同化、分業化、あるいは、ピンチヒッター役の要員の確保、他の弁護士による訴訟進行が可能なような資料の整理と準備は可能なはずであり、現に実行されている弁護士もいる。イギリスのバリスターは、アメリカの大事務所等におけるいわば従業員型の弁護士とは異なり、右のような独立性を維持した上での協力関係を結んでいる。

(18)　筆者は、アメリカの弁護士業の発展と進歩に感嘆する者ではあるが、アメリカにおけるような弁護士制度が我が国にとって好ましいとは考えていない。その意味で、弁護士数の増加を予想しながら、ミニアメリカ化を憂い、プロフェッショナリズムの向上を説く吉川精一「『グローバルスタンダード』を越えて弁護士制度改革の課題と方向」自由と正義一九九九年八月号一〇八頁における分析と提言には、聞くべき点が多いと考える。

(19)　最近の文献として、小林元治「法律扶助立法を間近にして—扶助改革の問題点」自由と正義一九九九年六月号三八頁、我妻学「英国の民事法律扶助の現状と改革の動向」同五〇頁、亀井時子「公共事務所構想と法律扶助」同六四頁があり、現在の議論状況を知ることができる。

五　司法への市民参加

1　司法への市民参加のニーズ

司法への市民参加ないし司法の民主化へのニーズも、近時は強まってきているものと思われる。このようなニーズの生ずる理由は、基本的には、行政府や地方自治体の場合と同様に、全般的な市民と官との関係の変化に求められよう。すなわち、社会の成熟とともに、①自律したい希求、②自律できる能力及び③自律できる余裕が生じているものと思われる。やや乱暴にいうと、我が国では、以前から面倒なことは官にやらせる、興味もないといった風潮があり、加えて第二次大戦の敗戦による官への期待の喪失と反感が残っていたことからも、公的な問題との距離が開いていたのではないかと思われるが、時代の流れと経済成長の結果、右の①、②のファクターも変わり、特に③の余裕がようやく生じたのではなかろうか。そうだとすると、このようなニーズは、一時的なものではなく、今後更に強まる可能性があろう。

2　裁判所の執ってきた方策

(一)　調停委員

裁判所も、社会変化の中で司法への市民の参加に積極的に取り組んでいる。例えば、裁判官のみではなく、民間の調停委員二人以上が当事者双方の話を聞き紛争の和解的解決をあっせんをする調停制度（民事調停法及び民事調停規則参照）の活用も、その一つである。民事事件の調停は、簡易裁判所が中心であるが、平成一〇年度は、新受事件数約二五万件（既済事件数でも約二四万件）を数えている。[20]これは、同年の地方裁判所及び簡易裁判所の民事・行政訴訟事件の新受事件総数約四八万件と比較して、件数で二分の一に相当し、我が国の司法の大きな一翼を担っている。また、簡易裁判所の民事調停既済事件の平均審理期間は約二・七ヶ月、既済事件のうち、調停成立及び調停に代わる決定の割合は合計六七％、不成立の割合は約一〇％であり（平成九年度司法統計）、かなり迅速かつ効果的な処理が行われている。民事調停委員は社会の様々な分野で経験を積んだ市民や、弁護士を含む各分野の専門家から選任されており、市井の紛争や消費者ローン、親族間のトラブル等から、専門知識を要する建築紛争、借地借家紛争、医療過誤紛争等までいろいろな事件に活用されている。また、地方裁判所においても、特に、技術的な問題が中心となる紛争や、専門知識によっておおむね解決のつくような紛争につき、事件が調停に付されている。また、民事調停の件数は、増加し続けており、平成八年度の新受事件数が約一六万五、〇〇〇件であったのと比較すると、前記の平成一〇年度の新受事件数は、二年間で約五〇％の増加を見ている。

㈡　司法委員

簡易裁判所では、訴訟事件でも、司法委員（民事訴訟法二七九条、民事訴訟規則一七二条、司法委員規則参照）という一種の素人裁判官が活用されている。司法委員は、審理手続に立ち会って、証人等に発問したり、意見を述べることができ、近時は、和解手続を中心に大きな役割を果たしている。広い意味での一種の参審制ということができよう。

㈢　家庭裁判所の調停委員と参与員

家事事件については、民事事件以上に調停制度（家事審判法三条、二二条、二二条の二参照）の役割が大きく、離婚事件等は、すべてまず家庭裁判所の調停に付されることとなっている（これを調停前置主義という。同法一七条ないし一九条）。平成一〇年度の家庭裁判所における調停事件の新受事件総数は、約一一万八、〇〇〇件に達しており、訴訟に近い構造を持つ乙類審判事件（約八、〇〇〇件）及び地方裁判所で審理される人事訴訟事件（約八、〇〇〇件）を合わせた数の約七倍に達している。

また、簡易裁判所における司法委員に近いものとして、家庭裁判所では、ベテランの家事調停委員等から参与員（同法一〇条、参与員規則参照）を選任している。参与員は、一部の事件において、一人又は複数が一人の家事審判官（職業裁判官である。）と共に審理に立ち会い、意見を述べるなどして、適正な判断形成を助けている。

なお、現在欧米諸国でＡＤＲの整備が強く提唱され、裁判所や仲裁機関等の関与した和解的紛争解決制度の導入や活用が言われているが、我が国は、裁判所内における訴訟以外の紛争解決手段の活用については、既にかなり進歩した先進国といってよいであろう。

3　司法への市民参加の将来像と陪審、参審制

(一)　市民参加のメリット

司法への市民参加のメリットは、分説すると、①実質的な手続的正当性（手続の適正化）、②外観上の手続的正当性（司法の正当性根拠の強化、開かれた親しみやすい裁判所）、③能動的民主制（参加意識、司法と市民との距離の短縮）、④積極型の内容的正当性（誤判防止、より正確な認定判断）、⑤消極型の内容的正当性（民間の専門家等の援助、司法の基盤強化）、⑥教育効果（裁判の宣伝、順法意識の強化）など、複数のものが考え

られる。このようなメリットをすべて実現しようとするには、前述した調停委員や司法委員、参与員等のように、特定の分野における民間人の起用に限らず、一般的な訴訟において裁判官と同じ立場で審理と判断に参加する参審制の導入や、陪審制の導入にまで議論が発展しよう。

(二)　陪 審 制

しかし、民事陪審については、歴史的経緯の存した欧米でさえ、アメリカを除けば、既に廃止・縮小が大勢であり、世界的に見れば、むしろ過去の制度となりつつあるように思われる。また、陪審制は、突き詰めて考えれば、自分たちの仲間が皆で決定した以上、正否にかかわらずこれに従うという感覚、あるいは、市民であれば仮に悪い市民であっても国家よりはまだましであるという感覚の存在が、陪審裁判の成り立つ基盤になるものと思われるが、果たして我が国にこのような感覚があるのか否かが、まず問題であろう。さらに、陪審は、主に外観上の手続的正当性ないし能動的民主制の観点から一部の国で存続しているものと思われるが、我が国では、歴史や国民性が違うので、このような面で有効なものと評価され得るのかという疑問もあろう。近時の新聞報道等をみると、国民の司法改革への期待の中では、陪審制の導入は、余り大きなものではないように思われる。(21)

なお、多数の市民が協議する陪審制の方が正しい事実認定ができるといった議論も有力であるが、刑事事件について、イギリスやアメリカでは、多数のえん罪が報告されており、陪審制が誤判の防止等につながることを論証することは、容易ではないであろう。(21)

(三)　参 審 判

このようにみてくると、陪審制よりも参審制の方が現実的と思われ、また、民事陪審を原則的に廃しながら、主に手続的正当性の面から、マジストレイトによる裁判と一部の参審制を維持し、かつ、訴訟上も多様な紛争解決のルートを設け、ADRも活用しようという訴訟改革を進めているイギリス型の方向が参考となろう。詳細を論ずるだけの知識と経験がないが、例えば、建築瑕疵、医療過誤等の技術的事件や商事性の強い事件などについては、専門家的参審員の活用が有効であるかもしれない。また、地方裁判所における通常の民事事件であっても、消費者ローン、クレジット、リース、借地借家の紛争等に多い、法的論点の余り存しないタイプの事件については、調停の一層の活用や、参審員制度、あるいはパートタイム・ジャッジの制度等も、検討されてしかるべきかもしれない。ただし、このような制度の有効性を検討するには、まず、どのような訴訟類型に参審制等が適するのかという綿密な議論をする必要があろう。

なお、広く一般的な参審制については、参審制にも問題点はあるわけであるから、それらについても、検討が必要である。例えば、経験上、鑑定人や医師、専門技術者等でさえ、事実認定を中心に、一方的思い込みや、仮定的事実と客観的事実の混同、柔軟性が乏しいなどといった問題がある。ある方向につき精密に考えてはくれるが、複数の可能性や選択肢があるとき、認定判断の複数の筋道を比較し、選び、あるいは乗り換えていくという柔軟性に欠ける場合もないではない。裁判では、ほとんど常に相反する立場、視点があり、所与の前提の下で認定判断をするのではなく、その前提自体も含めて相対主義的に比較し選択していかなければならない。このような点を考えると、これらの参審員のマイナス面は職業裁判官との合議によってある程度是正されることが期待できるものの、制度の新設にあたっては参審制についても、参審員の選任方法、教育、役割、人数、そして運用のノウハウなど、検討すべき点は、多数あるであろう。

4　法曹一元制

法曹一元制についても、触れておくべきであろう。法曹一元制とは、原則として、弁護士として経験を積んだ者の中だけから裁判官を選ぶ制度をいう。検察官や学者としての経験を含めるべきかについて議論があるが、本来の意味では、弁護士のみを念頭に置いた概念である。英米法系の諸国で採られている制度であって、裁判官を最初から裁判官として任用し、内部で養成していくフランスやドイツ等のキャリアシステムと対比される概念である。

法曹一元制については、キャリアシステムの下でいわば純粋培養された裁判官は市民感覚からかけ離れており、社会的経験の豊富な弁護士から裁判官を選ぶ方が適正かつ民主的な裁判ができるとか、官僚司法や慣れ合い司法を打破するために必要であるとか、あるいは、司法のレベル・アップを果たすためには、法曹全体の協力が必要であり、そのためには法曹一元制が求められるなどといった積極推進論がある。また、日本弁護士連合会がかねて主張しているところでもある。

この問題も、古くからの問題であって、既に多数の議論がされている。(23) 付け加えるべきことは少ないが、あえて繰り返せば、弁護士からの任官自体は好ましいものであって、組織の活性化や広く有為な人材を求めるという点でも意義があり、したがって、裁判官の給源を弁護士のみに限るという法曹一元制も、真に裁判官に適する弁護士が十分な数だけ任官してくれるのであれば、一つの選択肢足り得るものであるが、そのような基礎条件がなければ、法曹一元制は、司法制度を根底から損なうものになるということである。

かつて、臨時司法制度調査会が、一つの望ましい制度であるが、制度実現のための条件が整備されていないとし、導入の条件として、① 弁護士の大都市への偏在や弁護士間の質の格差の解消、② 裁判官の給源となるための優れた法曹を確保するための法曹人口の飛躍的増大等を挙げていたが、これらの条件が整ったのかどうかという検討が重要であろう。

このような観点から考えると、実際に法曹一元制を採っている国は、十分な人数の適格な裁判官志望弁護士を確保し得るだけの多数の弁護士層を擁しているか、又は元々裁判官に近い性格の弁護士を有しているかのいずれかの条件を満たしている。我が国は、イギリスのバリスターのような弁護士制度を有していないので、前者の条件を満たすことが必要となる。そうすると、弁護士と裁判官の比率が、前述のように、法曹一元制を採っているイギリスが約五六倍[24]、アメリカが約二九倍であるのに対し、我が国では、近時弁護士数が増加しているとはいっても、まだ、五・八倍程度であり、この数字は、キャリアシステムを採っているドイツの四・一倍、フランスの六倍などと同レベルのものであるということを重視せざるを得ないであろう[25]。我が国のような割合の弁護士層では、有能かつ経験を積んだ弁護士が十分な数だけ裁判官に移行していくための母体として不足であることは明らかであろう[26]。

また、従来から、我が国の司法制度は、純然たるキャリアシステムを採っているわけではなく、任期制である上、弁護士から裁判官に任官することが可能である（裁判所法四二条）。特に近時は、裁判所が、弁護士任官を積極化するため、昭和六三年に「採用選考要領」を定め、さらに、平成三年からは、弁護士からの任官がしやすいように条件を特に変え、「弁護士からの裁判官採用選考要領」を定めて弁護士任官を推進しており[27]、相当な成果を挙げているものの、それでも、昭和六三年から平成一一年までの一二年間でいまだに合計四六人の任官者しか現れていない。このような現実も考えるならば、一つの観念的な議論として理想的に機能した場合の法曹一元制の姿を提示することは十分理解し得るが、そのような理想的な姿での法曹一元制を実現するための基礎的な条件が我が国に存在しているということは、極めて困難であろう。

もう一つ触れておきたいのは、果たして我が国の判事補あるいは裁判官一般としての訓練が、弁護士としての訓練よりも、劣るものなのかどうかという点である。訴訟実務の経験は、所与の一方向に強く論理を構築し、かつ一方当事者の利害ないし生活に深くかかわっていくことを特色とする弁護士と、既に触れたように多方向からの複眼的視点と多様な選択肢の中からの選択を主とし、両当事者間のバランスを取ろうとする裁判官とでは、大きく異なる。また、もちろん、市井の法律家として市民の相談相手となり、多くの経験を積み重ねている弁護士も多いわけであるが、同時に、我が国の弁護士の多くがかなりの高収入を得ている特殊な専門職であって、大都市に集中していることも、明らかであり、特定の業界や企業の仕事を主とするいわゆるビジネス・ローヤーも多く、かつ、そのような弁護士が今後更に増加していくことも、容易に予想されるところである(28)。このような状況下で、市民感覚、多様な経験等という点につき、弁護士の方がこれらを身につけやすいという一般論自体維持し得るのかも、疑問があろう。裁判官も、弁護士より多数かつ多方面の事件を取り扱うところからすれば、日々の事件に誠実に接し、積極的に事件と取り組み、職務を通じて情報を摂取することにより、広く、かつ、中立的な経験を積むことができるはずである。要するに、弁護士の経験及び裁判官の経験双方にメリット、デメリットがあるわけであって(29)、判事補としての訓練の方が、弁護士としての訓練よりも、より良い裁判官となるために一般的に劣るものであると断ずる見解には、賛成することはできない(30)。

以上のように考えると、我が国において、真に裁判官に適する弁護士が裁判官に数多く任官してくれるという条件が満たされていると判断することは、極めて難しいと思われる。したがって、弁護士任官の門戸は広く開けていくべきであろうが、基礎的条件がないにもかかわらず、法曹一元制を実施すれば、裁判官数の大幅な不足を招くか、又は裁判官の質の劣下を招くだけであり、これを無理に導入する利益は認められないのではなかろうか。[31]

(20) 最高裁判所事務総局「平成一〇年裁判統計速報（概数）」裁判所時報一二三九号（平成一一年四月一日）一九頁以下

(21) 前掲・読売新聞平成一〇年一二月二七日記載の世論調査によれば、日本の裁判について改善すべき点として、陪審制度を取り入れるという選択肢を選んだ者は、一四・一％にとどまっている。

(22) 英米の刑事陪審制度については、日本人による調査研究も、多数公表されている。英米における陪審判の経緯と我が国における議論の状況を説明する最新の文献として、谷直之「国民の司法参加としての陪審判に関する一考察」同志社法学五一巻一号三二頁がある。また、簡潔かつ含蓄深いイギリスの文献としては、前掲Load Denningの第三章（三三ないし七八頁）を勧めたい。いわゆる官僚司法への辛口の批判と提言を総合的に論ずる阿部泰隆「司法改革への提言（上）」自治研究七五巻七号三頁も、陪審制が誤判を減らすという見解については賛同していない（二二頁）。

(23) 鋭い指摘があるとともに最近の議論の状況等も説明されている論文として、萩原金美「幻想としての法曹一元（論）」判タ九八七号四頁を、実際に経験豊富な弁護士から裁判官に任官した経験に基づき肯定説を支持する論文として、高木新二郎「法曹一元を実施するために」判タ一〇一号四頁を、理論的観点から肯定説を支持する近時の論文として、戒能通厚「法曹一元と裁判官―司法改革を展望して」自由と正義一九九七年九月号八六頁を、弁護士側からの徹底した法曹一元論として、後藤富士子「現行法の中にある法曹一元―裁判所法の描く裁判官像」自由と正義一九九八年六月号六八頁、森下弘「市民弁護士からみた司法改革」自由と正義一九九九年九月号八四頁―及び小川達雄「『二〇世紀の宿題』法曹一元制度の実現へ」自由と正義二〇〇〇年一月号五〇頁を、日本弁護士連合会編による詳細な文献として、「市民に身近な裁判所へ―法曹一元をめざして」(日本評論社)を挙げたい。また、イギリスにおける法曹一元制の基盤については、前掲本間正浩「イングランドにおける『弁護士』業務(2)・完」自由と正義一九九八年六月号五四頁が、アメリカの実情については、丸田隆「アメリカにおける裁判官選任の実情」自由と正義一九九八年七月号二四頁が興味深い文献である。

(24)　法曹一元制に適した弁護士制度と多数の弁護士を擁するイギリスでさえ、好況時には、適格な任官者の確保に、ずい分苦労している。近時の裁判官採用の若年化やソリシターからの任用の拡大等も、その背景には、このような問題がある。ちなみに、イギリスにおける最初の裁判官職の一つであるアシスタントレコーダーは、年間一五〇人程度の採用であるが、近時の応募者は一、〇〇〇人程度とのことである(前掲・鈴木健太『英国における裁判官任用制度及び弁護士養成制度等について(上)』)。円満な法曹一元制の施行のためには、このような多数の志望者が必要なのである(なお、菅野博之「英国の司法―民事訴訟を中心として(一)」司法研修所論集一九九一―一(八五号)一二頁以下、前掲菅野博之・森義之・松並重雄「イギリスにおける民事訴訟の運営」三四頁)。

(25)　我が国と類似した裁判官数と弁護士数の割合となっており、かつ、英米のような判例法主義を採らず、我が国同様の実定法主義を採るドイツやフランスにおいて、法曹一元制を支持する声がほとんどないことに注意を払うべきであろう(両国における法曹養成制度と法曹一元制を巡る議論については、福田剛久「ドイツの法曹養成制度等について」判時一六八六号二八頁及び川神裕「フランスで法曹一元の議論がないのは何故か?」判タ一〇一四号九頁参照)。

(26)　法曹一元制に賛成する前掲・高木新二郎「法曹一元を実現するために」も、有能で信頼できる弁護士任官裁判官を多数確保するためには、その母数を増やすほかなく、そのためには、弁護士人口の飛躍的増加が必要であるとする。そのとおりであろう。ただし、筆者からみれば、法曹一元制のために弁護士数を急増させるというのは、本末転倒の議論のように思われる。

(27) 弁護士任官制度については、自由と正義一九九七年七月号所収の金井康雄「弁護士から裁判官への任官の実情について」等の一連の論説が分かりやすい。

(28) 前掲・吉川精一「『グローバルスタンダード』を越えて—弁護士制度改革の課題と方向」参照。

(29) 高木新二郎「弁護士から任官して一一年を過ぎて」(判時一六九〇号三頁)は、弁護士経験が裁判官の仕事に役立っているとしながらも、他方で、弁護士出身であるからといって必ずしも世情に通じているわけではなく、また、色々な経験に通じていても、事実認定には一件一件悩むのであって、事件はみな新しく、弁護士経験があってもやはり分からない旨論じている。そして、裁判官は、自分の方から疑問点を提起して積極的に事案解明にかかわり合うことが必要であるとするとともに、こうして事件に積極的にかかわることによって、深さは違うかもしれないが、弁護士よりもはるかにたくさんの経験を積むことができるのではないかとしている(同六頁二段目ないし八頁三段目)。

(30) 我が国における裁判官への一般的な信頼度は、満足し得る水準とまではいえないものの、他の職種に比べれば、まだ相対的には高いものと思われる。前掲読売新聞平成一〇年一二月二七日記載の世論調査によれば、裁判官を信頼できる又はどちらかといえば信頼できるとする割合は合計約七九%であるのに対し、弁護士のそれは約五八%にとどまっており、他方、裁判官を信頼できない又はどちらかといえば信頼できないとする割合は合計約一二%であるのに対し、弁護士のそれは約三五%である。法曹一元制を提唱する文献には、これらと全く逆の現状認識を前提に議論しているものも見受けられるが、現実とのかい離があるのではなかろうか。

(31) 我が国の司法制度には、多くの問題があることは明らかである。しかし、司法制度の問題がキャリアシステムに起因し、それを破壊して法曹一元制を導入すれば問題が解決するというかのような主張には、賛成することはできない。筆者が我が国の裁判が官僚主義ないし権威主義に堕しているとか、市民を擁護していないという見解に立っておらず、弁護士を裁判官にすることさえすれば、市民の立場に立った裁判ができるという意見にも賛成していないことは、本稿及び前稿3の記述から明らかであろう。司法記者の眼「司法制度改革を考える―まず国民の理解を深めよ」（ジュリ一一六三号六頁）にも述べられているように、はたして本当にそうなのか、なぜ、臨時司法制度調査会が前記のような意見となったのか、現実を見つめ直す必要があろう。司法改革は、まず利用者である国民の立場に立って問題点を考えることと、現実の諸条件に基づきその改善策を探求しなければ、法曹社会にしか通じない特殊な議論となってしまい、国民の理解は得られないのではなかろうか。

六　司法の国際化

1　外国人と裁判

刑事事件においては、既に通常第一審事件の有罪人員の約一五％が外国人となっている（平成一〇年司法統計）。拘置所の収容人員も、外国人が相当数を占めるようになり、一部の拘置所では、外国人の処遇や通訳、翻訳等が、職員の主要な職務の一つとなっている。裁判所でも、通訳を付す事件が全体の一割を超えている。このような傾向は、近時、急速に進んだものである。また、民事事件でも、当事者のどちらかが外国人あるいは外国企業である事件が増加しており、双方が外国人という事件さえ存在する。筆者も、アメリカ人とフランス企業との間の裁判やアメリカ人とドイツ人との間の裁判等を担当したことがあった。このようないわゆる渉外事件は、以前は、離婚や家族関係等特定の分野の事件が多かったが、最近は多様な分野に広がりを見せている。また、海外旅行中に、偶然、その国の国民が日本の裁判所で不当な取り扱いを受けていると非難する新聞記事に接したこともあり、我が国の司法の国際化が否応なく進んでいることを感じさせられた。

裁判所も、法廷通訳の問題や専門係の整備等、方策を講じているが、今後更に、通訳制度の大幅な拡充とともに、手続の外国人向け広報や、外国人に分かりやすい運用の検討などが考慮されることになっていくのではないだろうか。

2　司法摩擦と司法の競争

ヨーロッパ諸国の司法改革においては、国際管轄につき攻撃的ともいえるほど積極的なアメリカ司法及び同じく積極的なアメリカ弁護士からどう自国の司法ないし主権を守りかつ競争を進めていくかという視点が現れてきている。特に、アメリカの弁護士は証拠開示手続を大規模に行おうとすることが多いため、これにどう対処するかが一つの問題となっている。また、企業間の紛争につき、どこの国の裁判所で裁判をするかという問題も深刻になってきている。さらに、ヨーロッパにおける司法の共通化と各国の競争が始まっており、近年一層進んでいる弁護士事務所の大規模化や国境を超えた展開も、EU内における司法競争に勝ち抜くためという面が強い。このように、欧米諸国では、既に、国境を超えた司法制度の競争が開始されているのである。

今後は、我が国でも、国益を考えた戦略的な司法制度論を検討すべき時期に来ているであろう。特に、国際的裁判管轄の問題や、国内でどの程度外国の司法手続を許すかという問題[32]、知的財産権関係の訴訟手続の問題等は、今後更に大きな問題となるのではなかろうか。

(32)　既に、日本国内でも、アメリカ人弁護士による供述調書作成や送達等の行為が行われていることは、一部ではよく知られた事実である。

5　児童の権利に関する条約
――「児童」か「子ども」かをめぐる力関係――

門司健次郎

はじめに

児童の権利に関する条約（以下、「条約」という）は、一〇年に及ぶ交渉を経て一九八九年一一月に国連総会で全会一致で採択され、翌年の九月に発効した。条約は、一八歳未満の全ての者の保護と人権の尊重を目的とするものであり、先進国、途上国の別を問わずグローバルな観点から普遍的に受け入れられるべき内容となっている。条約作成後三年にして約一四〇ヶ国が締結済みであったことからも、その内容が国際的に広く受け入れられていることが分かる。

我が国では、条約は、九三年三月、第一二六回国会に提出され、四〇時間近い審議を経て国会承認を目前にした五月、宮澤内閣不信任案可決による国会の解散により、廃案となった。条約は、同年一一月、一二八回国会（臨時国会）に再提出され、継続審議となって九四年三月、第一二九国会で承認された。我が国についての効力発生は、九四年五月二二日である。

国会審議を通じて最大の論点となったのは、条約の名称を「児童の権利条約」とするか「子供の権利条約」とするかという、「チャイルド」という語の翻訳の問題であった。この点はともすれば単なる技術的な問題と見られがちであるが、条約に対する立場、見解の根本的な相違が訳語の選択という形で象徴的に示されたものである。

ここでは、主として第一二六回国会での審議において、訳語問題に焦点を当てつつ、条約が異なる立場からどのようにとらえられたかを眺めてみたい。また、条約の締結後各国について行われる条約の実施に関する審査についても簡単に触れたい。条約の具体的内容や我が国における条約適用上の論点それ自体を論ずるものではない。これらについては、条約に関する概説書、論文等が既に多数刊行されており、それらを参照願いたい。条約の国会審議で提起されたいくつかの論点を例に取りつつ、条約をめぐって如何なる力関係が働いたかを眺めるものである。

政府や与野党の考えについては、出来るだけ実際の国会審議から引用する形で提示することとした（なお、筆者は、条約の国会再提出時に外務省条約局の担当課長を務めていたが、基本的に個人的な見解であり、特段明示しない限り外務省や政府の見解を示すものではないことをお断りしておきたい）。

一　条約の児童観

(1)　条約をどう捉えるかという基本的立場について大きな相違が見られた。

条約が提出された第一二六回国会においては、野党（当時、以下同じ）社会党は、「今までの子供というものは保護されるべき対象であるというふうな考え方から、この条約ではもう独立した権利の主体であるという考え方に変わるわけです。これは一種の非常に根本的な価値転換だと思います。[1]」と、子ども観の転換を強調した。

これに対し、与党自民党は、野党や学者の意見に触れつつ、「この条約の締結によって児童観がコペルニクス的な転回を遂げるものではない……ことを改めて政府に確認させていただきます。[2]」との主張を行った。政府は、この条約の基本的な性格に関する質問に対し、「条約は、我が国が既に締約国となっております……国際人権規約において定められております権利を児童につきまして広範に規定するとともに、さらに児童の人権の尊重及び確保の観点から必要となる具体的な事項を詳細に規定したものでございますが、目的といたしますところは基本的人権の尊重の理念に基づいている我が国憲法と軌を一にしている。[3]」と答えており、条約によって児童に対する考え方が大きく変わるとの理解ではなかった。

(2)　これらの基本的立場の相違は、単なる哲学の相違に留まらず、条約を実施するためにとる措置の内容にまで及び得る。条約の実施は基本的にその締約国に委ねられており、条約の義務を履行するためにいかなる措置をとらなければならないかは、締約国が各々判断することになる。この条約の場合も、締約国は、いかなる差別もなしにこの条約に定める権利を尊重し、及び確保する（第二条）とした上で、締約国は、この条約において認められる権利の実現のため、すべての適当な立法措置、行政措置その他の措置を講ずる旨（第四条）規定している。

子ども観の転換を主張する野党は、総論として、条約の実施のために国内法の改正が必要ではないかと主張した（後述三の主要論点も、現行の国内法の下では条約上の義務を履行することが出来ないという観点からのものが多かった）。これに対し政府は、「条約上の権利につきましては、その内容の多くが……国際人権規約に規定されておりまして、憲法を始めとする現行の国内法制で既に保障されているということから、……本件条約の実施のためには現行国内法の改正または新たな国内立法措置を必要としていない。」[4]と答えている。政府は、この条約を締結するに当たり、それぞれの規定毎に関係する国内法令を洗い出し、その下で条約上の義務の履行を確保できるかどうかの検討を行ったが、その結果、条約を実施するために新規の国内立法を行ったり、既存の法律に変更を加える必要はないとの結論に至ったものである。

ただし、自由を奪われた児童の成人からの分離に関する第三七条（c）の規定については、日本の法制度と分離の年齢において差異があるので、我が国は留保を付している。

すなわち、「この規定によれば、自由を奪われた一八未満の児童が一八歳以上の成人から分離されなければなりません。他方、我が国の少年法は、二〇歳未満の者を少年として取り扱うこととしております。仮にこの規定に留保を付さないでこの条約を締結した場合、国内法を改正し、保護の対象を現在の二〇歳未満の者から一八歳未満の者へと縮小する必要があり、適当ではありませんので、留保を付すもの[5]」である。留保とは、特定の規定の全部又は一部の適用の排除又は変更を一方的に意思表示することであるが、我が国の法制度は一八歳未満の者のみならず二〇歳未満の者を広く保護の対象としているものであり、我が国の留保は、若年者をそれ以外の年長者から分離することによって保護するとの条約の趣旨に反するものではない（本規定については、後述(5)も参照）。

なお、我が国は、児童の父母からの分離に関する第九条1の規定及び家族の再統合のための出入国に関する第一〇条1の規定について解釈宣言を行っているが、これらの規定について国内法との間で差異があるわけではない。なぜなら、「解釈宣言とは、多数国間条約の特定の規定に関して解釈を対外的に明らかにする宣言であり…複数の解釈が可能であるとか、解釈に幅があるような場合、自分の国にとっての解釈を念のために明確にしておくというものであり、すなわち、特定の規定が適用されるというのが解釈宣言の前提に立っているということで、この点において留保とは全く異なるものである」(6)からである。

(3)　政府の立場が条約上の義務の履行の観点から国内法との関係を整理したものであるのに対し、野党や関係する多くの学者は、条約の締結を契機としつつも、条約の規定を超えて広く立法政策の問題として児童に係る施策を議論していたために、両者の議論は必ずしもかみ合っていなかった面があると思われる。

政府は、新たな立法措置は必要としない旨を述べているが、このことは将来にわたり国内法の見直しを必要としないということを意味するものではない。政府は、立法政策の見地から、関連する国内立法の見直しや維持を行うことは、この条約の実施とは別の次元の問題である旨答えている(7)。また、条約を批准した後いろいろの施策を実行していくに当たり、法体系の整備の見直しがどうしても必要だというようなときには、見直しをしていただくように各役所に働きかけてまいりたい(8)との答弁も行われている。

二 条約の名称（児童か子どもか）

(1) 条約第一条は、「チャイルド」を一八歳未満のすべての者をいうと定義しており、政府は、これを「児童」と訳したが、これに対して「子ども」と訳すべきであるとの強い意見が出された。それぞれの主張は次のとおりである。

(イ) 政府は、訳語として「児童」が適当である旨次のように説明した。

「我が国がこれまで締結した条約の訳例及び国内法令における用語との整合性にかんがみ、……チャイルドの訳としては「児童」が最も適切であると判断[9]」した。

「我が国が締結済みの条約におきましては、チャイルドという英語の言葉が親子関係における子という意味に限定されるときには子という訳が用いられておる。……必ずしもかかる観点に着目せず低年齢の者を一般に指す場合には児童という訳語が用いられるのが通例となっておる。[10]」

「児童ということで表現される低年齢層の者の範囲というのは法律によって区々いろいろ異なっておりますが、低年齢層の者を広く表示する、そういう用語として日本の法令は広く児童という言葉を用いているということは事実[11]」である。

(ロ) これに対して、「児童」の訳語を不適当とする意見は次のようなものであった。

「条約は、「チャイルド」を未成熟で保護を要する者とのみ認識することから、独立した権利の行使者と認めることへの価値観の転換を求めるものであります。したがいまして、未成熟であり、保護が必要な者との意味合いの強い「児童」の用語は、本条約にふさわしいものとは思えません。(12)」

「条約の名称を子どもの権利条約としてほしいと願う理由は、この条約が、子どもを保護の対象とする伝統的な子供観から脱却し、子どもを権利の享有と行使の主体ととらえる現代的な子供観に立脚しているからであります。(13)」

「政府は過去の例や他の法令との整合性を理由に訳語の修正を拒んでいますが、この条約には明確な定義規定があり、混乱が生ずる余地はありません。(14)」

「本条約の批准促進を求めて運動している皆さんは、高校生なども含めて「チャイルド」は「子ども」と訳し、条約の名称も「子どもの権利条約」とすることを求めています。(15)」

「各種の法令による子ども、この呼び方にはたくさんの差がある。……少年法では二十歳未満だし、刑法では十四歳未満だし、児童福祉法では児童というのは十八歳未満だけれども乳児は一歳とか幼児は小学校までとかいうのがありますし、学校教育法では児童というのは小学生です。それから生徒というのは中学生、高校生。または労働基準法では年少者という呼び方で十八歳未満、児童というのは十五歳未満とか、道路交通法では児童というのは六歳以上十三歳未満とか、こういうふうに大変なばらつきがあるわけです。(16)」

「法令用語としては古いイメージを持つ「児童」は「子ども」に変えて行くべき前向きの努力をすることは当然の責務(17)」である。

「結局高校生が児童と呼ばれることになるわけですよ。こうしたものが本当に高校生や若者にとって大切な自分の条約と思えるだろうか。(18)」

「(地球子ども会議で) 議論した子供たちの意見は、やはり圧倒的に「子供」だ。条約は子供のためのものであるはずなのに、「児童」という名称を使って、やはり大人が子供を保護したり管理したりしようとしているのではないか、そういう意見が出ているのですね。[19]」

(ハ)　これに対し、自民党からは、次のとおり、「児童」を支持する声が出された。

「従来児童が権利の主体たり得なかったいう議論は誇張であり、またこの条約は、これまでの児童の人権の保障をさらに充実するものとして重要であることは言うまでもないとしても、子供観の転換なるものを伴うものではありません。したがって、……チャイルドの訳し方を変えるべきであるとの指摘はそもそも前提を欠いており……チャイルドの訳し方によって保障される権利の内容が変わるものではないことは明らかではないか。[20]」

「これまで国際児童年とか国際児童基金というように、チャイルドが一般に児童という言葉であらわされていることからも、この名称は児童が適している。[21]」

「条約の正文をどのように訳すかにより我が国における条約の履行にそごを来しかねないとの主張は一方的過ぎ、論理の飛躍があると言っても過言ではない。[22]」

「法令用語としての整合性を保ちながら条約が訳されることも大事なこと[23]」である。

(2)　条約は、チャイルドの定義規定を置いており、全くの一般論としてこの条約のみについて見れば、チャイルドの訳語の如何は条約の実施に影響を及ぼすものではないと思われるが、「児童」か「子ども」かの選択は、後述の主要論点における立場を含め児童観の相違を象徴的に表していると受け止められたものと思われる。

三　他の主要論点

(1)　非嫡出子の相続分（第二条）

条約第二条一は、締約国は、人種、皮膚の色、性、言語、宗教、政治的意見その他の意見、国民的、種族的若しくは社会的出身、財産、心身障害、出生又は他の地位にかかわらず、いかなる差別もなしにこの条約に定める権利を尊重し、確保する旨規定している。また、同条二は、締約国は、児童がその父母等の地位、活動、表明した意見等によるあらゆる形態の差別からの保護を確保するためのすべての適当な措置をとる旨規定している。

民法第九〇〇条第四号ただし書きは、嫡出子でない子の相続分は嫡出子である子の相続分の二分の一とする旨規定しており、これが条約の定める差別の禁止に反するのではないかとの議論がなされた。

これに対し政府は概ね次のとおりの理由から、この差異は条約には反しない旨主張した。

・第二条は不合理な差別を禁ずるものであり、合理的な根拠に基づく異なった取扱いを禁ずるものではない。(24)

・民法上の差異は、法律上の婚姻によって成立した正当な婚姻関係を保護するという合理的理由に基づくものである。(25)

・児童による相続の権利は、締約国が確保すべき条約に定める権利に該当しない。(26)

・第二条二の「児童の父母の地位」は、作成経緯から見ても、父母等の活動や意見等にかかわるような社

会的・政治的な地位を意味するものであり、父母の間の法的関係の状態まで含むものではない。(27)

・相続制度を始め、摘出子、非摘出子の別による差が設けられているドイツ、フランス、ベルギー、オランダ等の国が、第二条を前提としたまま条約を締結していることにもあらわれているように、条約は、合理的な理由による取扱いの違いを許容している。(28)

(なお、答弁では触れられていないが、条約の作成過程において、非摘出子と摘出子の法定相続分の差異を明示的に禁ずることが議論されたにも拘わらず、合意が得られなかったという経緯もある。(29))

なお、この問題については、第一二六国会で政府より「条約の問題とは別に、国民世論の動向等を踏まえて今後とも慎重に対応する必要がある」と考えている旨答弁しており、(30)更に第一二九国会において、立法政策の問題としてこのような規定を将来にわたって維持するかどうかについては慎重な検討が必要であり、現在、法制審議会において婚姻と離婚の法制に関する見直し審議を行っているが、摘出でない子の相続分の問題についても、その取扱いを身分法小委員会において審議してもらうようお願いする予定である旨答弁している。(31)その後、法制審議会は、九六年二月に、非嫡出子の相続分は嫡出子の相続分と同じにするとの内容で、法律案要綱をまとめて法務大臣に答申を行っている。しかし、世論調査でも反対意見が少なくない由であり、法案作成には至っていない。

(2) 意見表明権(第一二条)

第一二条一は、自己の意見を形成する能力のある児童がその児童に影響を及ぼすすべての事項について自由に自己の意見を表明する機会を確保するとしている。また、第一二条二は、このため、児童は、特に、自己に影響を及ぼすあらゆる司法上及び行政上の手続きにおいて聴取される機会を与えられるとしている。

国会においては、この権利の対象を広く解釈すべきであり、校則について子供達が意見を表明する場が保障される必要がある（共産党）(32)等の指摘もなされたが、他方において、カリキュラムの編成や校則の決定などの学校運営の重要事項について児童と相談してその意向を優先せねばならないとすれば、責任を持った学校運営は不可能である（自民党、公明党）、(33)校則や学校運営といった課題に対してどの程度の児童生徒の関与を認めるのかという問題の解決を即児童生徒に厳密な意味での権利を与えることによって図るのは短絡的である（民社党）(34)等の懸念が表明された。

政府は、条約は自己の意見を年齢等に応じ、相応に考慮することを求めるものであり、児童の意見を無制限に認めるものではなく、したがって、例えば校則やカリキュラムについては学校の判断と責任において決定されるものである旨、(35)及び、カリキュラムの編成や校則の決定は、一二条二にいう個々の児童に直接影響を及ぼすような行政上の手続とは言えず、条約上意見聴取の機会を与えなければならないものではない旨(36)述べている。

なお、政府は、教育に関連して意見聴取の機会が与えられる事項とは、停学、退学等の措置であり、児童に懲戒処分を行うに際しては教育上必要な考慮をするとの学校教育法施行規則の規定があり、生徒からよく事情を聞きなど適切な対応を行うよう指導して来たところであるとしている。(37)

(3)　思想、良心、宗教の自由（第一四条1）

第一四条1は、締約国は、思想、良心及び宗教の自由についての児童の権利を尊重すると規定している。

共産党からは、日の丸の掲揚、君が代斉唱の押しつけは、この規定に反するものであるとの主張がなされた。

これに対し、政府は、我が国においては、長年の慣行により、日の丸が国旗、君が代が国歌であるという認識が広く国民の間に定着しており、学校教育において児童生徒が国旗・国歌の意義を理解してそれを尊重する心情を態度をしっかり育てることが大事であって、学習指導要領に基づく指導は、児童生徒が将来広い視野に立って物事を考えられるようにとの観点から、国民として必要な基礎的、基本的な内容を身につけるために行われるものであるので、児童生徒の思想、信条を制約しようというものではなく、第一四条に反するものではない旨答弁している。(38)

なお、自民党からは、政府と同様の理由で、国旗・国歌の指導は児童の思想、良心の自由の保障に抵触するものではない旨政府の見解を確認する質問も行われている。(39)

(4) 教育についての権利（第二八条）

(イ) 第二八条一（b）は、すべての児童に対し、中等教育が利用可能であり、かつ、これらを利用する機会が与えられるものとし、例えば、無償教育の導入、必要な場合における財政的援助の提供のような適当な措置をとる旨規定している。

この中等教育の無償化が条約上の義務であるかないかが訳文との絡みで問題となった。

社会党は、「(政府答弁は、) この本条約の「サッチ・アズ」を意図的に「例えば」と訳し、例示規定と強弁するためにこうした理由付けをしている。……本来「サッチ・アズ」は、アメリカやイギリスの法律における用語法としてはより限定的な表現であり、……「及び」あるいは「かつ」と訳すべきである。……したがって、本条約の趣旨からして、この条項は例示規定ではなく義務規定である。」と述べ、[40]中等教育の無償化は条約上の義務であると主張した。

これに対し、政府は、「「サッチ・アズ」というのは、……この「適当な措置」というものはある一つの方法に限定されるものではなくて、「無償教育の導入」ということでもあるし、また「財政的援助の提供」ということでもあるし、……締約国の判断により適当と思われる措置がほかにあればそれももちろん排除されない、この条約としてはこういう例示を行いたいということでここで表示されたものであって、義務的にこのうちのこれを「適当な措置」として義務づけたものではない。」[41]と答弁している。

更に、この規定については、条約の作成過程において我が国より、無償教育は単なる例示であって、締約国がとることを義務づけられた措置ではないと理解するとの発言を行い、各国から何らの意見、異議、反対も述べられなかったという経緯がある旨[42]の政府答弁も行われている。

なお、我が国では、中学校における教育を義務的かつ無償のものとしており、高校における教育については、必要な場合における財政的援助ということで、育英奨学や就学推奨等、就学が困難な者に対する経済的な援助及び私立高校の就学上の経済負担の軽減のための私学助成等を行い、これらの措置によって中等教育の機会の確保のための適切な措置をとっているところである旨[43]も政府より説明している。

(ロ)　第二八条一(d)は、児童に対し、教育及び職業に関する情報及び指導が利用可能であり、かつ、これらを利用する機会が与えられる旨規定している。この規定について、内申書、指導要録の開示との関係について質問がなされたのに対し、政府からは次のとおり答弁した。

この規定は、児童が進学や就職に必要な案内やガイダンスを得る機会を保障する規定であり、内申書や指導要録の本人への開示を義務づけているものではない。(44) また、この規定の「利用可能」、「利用する機会」とは、進学情報等が誰にでも差別無く適切に利用できる状態にあることを意味しており、自己情報の開示の請求を根拠づけるものではない。(45)

(5) 少年司法等（第三七条、第四〇条）

(イ) 第三七条（c）の児童と成人との分離の規定については、代用監獄における子どもの勾留の実態があるから留保したのではないか、(46) そのような勾留は速やかに禁止すべきであるとの主張が野党からなされた。(47) 政府は、いわゆる代用監獄に勾留する場合にも、被疑者留置規則によって少年は成人の被疑者と分離して収容することになっている旨答弁している。(48)

(ロ) 自由を奪われた児童の弁護人等との接触の権利に関する第三七条（d）の規定に関連し、家庭裁判所においても、一般刑事裁判の弁護人に当たる付添人の国選制度を設けるべきであるとの主張が野党からなされた。政府は、少年は、被疑者として取り調べを受ける段階では刑事訴訟法によって成人と同様に弁護人選任権が認められており、また、少年審判を受ける段階では、少年法によって付添人を選任することが認められているので、現行法上、少年の権利は十分に保障されている旨及び国選弁護人の制度化は条約の要請を超えるものである旨答えている。(49)

(ハ) 第四〇条は、締約国は、刑法を犯したと申し立てられ、訴追され又は認定された児童が尊厳及び価値についての意識を促進させるような方法等で取り扱われる権利を認める旨規定しており、そのために、法律で有罪とされるまでの無罪の推定、防御において弁護人等援助を行う者を持つこと、上級の当局等による再審理の保障を定めている。

野党は、成人は再審請求ができるが、少年は保護処分継続中でないといわゆる再審の手続きがとれない点を指摘し、少年法についても再審の道を設けるよう主張した。これに対する政府の答弁は、条約の批准という観点からは、現行少年法は既に抗告、再抗告、更に事後的な処分の取り消しという制度を規定しているので問題はないというものであった。(50)

(ニ) なお、これらの少年司法の問題に関し、政府は、いわゆる再審に相当する非常救済手続きの新設については昭和五二年の少年審判手続の整備改善に関する法制審議会の中間答申に盛り込まれているが、反対の意見も相当あり、関係機関との調整に努めてきているが、この間に少年非行の情勢にも相当な変化が見られ、まだ実現を見ていない旨、及び、非常救済手続を設けることは、保護処分や事実認定のあり方等少年法の全体構造に関わる問題であるので、国選付添人の制度と同様に、他の密接に関連する問題とあわせて少年法全体の改正の中で慎重に検討すべき議題である旨述べている。(51)

(6) 条約の訳文に係る問題

(イ) 児童か子どもかの論争は、そもそも条約の訳文とは何なのか、国会が条約の訳文を修正することは出来るのかといった問題にも及んだ。
閣議決定されて国会に提出された条約の条約名や訳文を国会が変更することは可能かとの質問に対する政府の答弁は概略次のとおりであった。

政府として国会に諮っているのは、条約を締結することの可否であり、日本語訳については、国会がこの条約の締結を承認するか否か判断するための審議を行う際に、その内容を理解しやすい形で示す資料として提出しているものである。したがって、国会においては、本件条約についてその訳文を含めて議論していただいた上で、本件条約を締結することの可否につき判断していただくものと考えている。しかし、その判断をいただく上で訳文を変更することはできないと考える。(52)

憲法第七三条は、条約の締結を内閣の権限としているが、事前にまたは時宜によっては事後に国会の承認を受けることを必要としており、国会が条約を承認する際にその文言を変更出来るか否かはこれまでも国会で議論されてきたところである。政府は従来から国会に条約の修正権はない旨を述べてきている。国際的な合意である条約の文言が国会により変更される場合には、その文言について政府が合意に達した相手国との間で新たに交渉が必要となり、条約の締結について国会の承認が得られなかったと考えざるを得ないという事情もあるからである。

本件条約については、条約の正文ではなくその訳文の変更が問題とされたものであるが、政府としては国会にその承認を求めているのは、あくまで条約の締結の可否についてであり、国会が審議の過程において訳文を変更することはできないという政府の見解に変更はなかった。

(ロ) 他にも訳文についての議論が行われた。例えば条約第三七条（c）についてである。

この規定の第二文は、自由を奪われた児童について、「成人と分離されないことがその最善の利益であると認められない限り成人とは分離されること」及び「通信及び訪問を通じてその家族との接触を維持する権利を有すること」の二点を確保するとしている。この文には「例外的な事情がある場合を除くほか」という条件が付いており（英語では二つの事項の後にカンマがあり、「セイブ・イン・エクセプショナル・サーカムスタンシズ」という条件句が続いている。)、この条件が二つの事項の双方に係るのか、後者のみに係るのかが問題となった。条約提出時の国会において社会党は、条件句は後者の家族との接触の維持の権利にしか係らないと主張したが、政府は、両者に係ると応答した。[53]日本語に訳す場合には条件句の係り方は一つに決まってくるので、その時点で解釈を決めなければならない。英語のみならず条約の他の正文であるフランス語、スペイン語においても構文は同じであり、これらの言語の間においては、複数の係り方の可能性がある場合、その曖昧さを残したままで翻訳することが出来るわけである。この規定については、主要国の間でも異なった解釈があった由である。

この規定については、後述四のとおり、条約の再提出の際に政府により訳文の変更が行われた。

(7) その他、無国籍の子どもたちの教育、社会保障の権利、在日韓国、朝鮮の子どもたちの教育の問題等(第二条)、無国籍の子どもの扱い(第七条)、児童の虐待についての問題(第一九条)、障害を持つ子どもの学習権(第二三条)、アイヌ問題(第三〇条)、子どもの性的搾取の問題(第三四条)等多くの事項が条約との関連で取り上げられた。

四　条約の再提出と承認

(1) 九三年五月の衆議院解散によって条約は廃案となり、同年六月の第四〇回衆議院総選挙の結果、連立内閣である細川内閣が誕生した。社会党は連立与党に参加、自民党が野党に転じ、児童観、チャイルドの訳語で対立していた両政党が与野党所を替えた。廃案となった条約は、改めて与党の了承を得て国会に提出し直すこととなるが、新たな連立与党には、政府の児童観や「児童」の訳語に反対していた政党が含まれることとなった。また、第一二六国会において、条約の訳文の変更をめぐる政府の解釈について、社会党より「今の政府解釈は、あくまでも政府の立場からすれば、それはそうかもしれない。しかしながら、立法府、国権の最高機関としての国会の立場としては容認するわけにはまいりません。仮に自民党が容認をしたとしても、私たちが政権をとった暁には、その原則はひっくり返します。[54]」との発言もなされていたのである。

条約は、連立与党を構成する各党及び連立与党としての意思決定機関の了承を得て、最終的に九三年秋の臨時国会に提出されたが、この第一二八国会においては条約の審議は行われなかった。従来の経緯にかんがみ、条約の再提出に至るまでの間及び翌年の通常国会に至るまでの過程において、与野党の双方に対して改めて条約に関する説明、根回しが行われた。

(2) 再提出された条約は、名称は「児童の権利条約」のままであったが、第三七条（c）を含め三箇所について訳文に変更が加えられた。最終的に国会の場では政府は次のとおりの対応を行った。

まず、条約の名称については、特に子供も条約を理解し得るように、また、わかりやすくという点から、国会の承認後、この条約の広報活動を行うに当たっては、児童ばかりでなく子供という言葉も使用していく考えである旨の発言があった。[55]そして、チャイルドの訳については、我が国が既に締結している他の条約の訳文、あるいは我が国の憲法、労働基準法、児童福祉法等に用いられている法令用語との整合性の見地から、児童を用いることが最も適当と判断したものであり、子供に改めることは出来ないことだけは御理解いただきたい旨述べている。[56]

また、訳文の変更については、前国会での審議その他報道、出版物等で指摘された諸点を参考として、また、前回の提出後に入手した情報等も踏まえ、改めて条文全体のチェックを行った結果、三ヵ所につき訳文を変更することとした旨の発言が行われた。(57)

条約は、衆議院外務委員会で二時間、参議院外務委員会で三時間の審議を経た後、国会により承認された。

五　条約のフォローアップ

(1)　政府は、この条約を締結することによって、児童の基本的人権の尊重や保護について、制度面ばかりでなく、意識の面、実体面で一層努力をしていく契機になる、またそうでなければならないと考えている旨(58)述べている。この観点から国会では与野党を問わず、条約に関する広報の重要性が指摘された。条約第四二条は、締約国が適当かつ積極的な方法で条約の原則及び規定を成人及び児童のいずれにも広く知らせることを約束する旨規定しており、政府は、パンフレットやポスターの作成・配布、広報誌やテレビ・ラジオの活用、各種の通知、会議・研修会の開催、母子手帳への記載等様々な手段で広報を行った。

(2)　条約は、国際的な場でのフォロー・アップの仕組みも有している。即ち、締約国による条約の義務の履行の進捗状況の審査のために、個人の資格で職務を遂行する一〇名の専門家から成る児童の権利委員会が設置されており（第四三条）、締約国は、条約締結後二年以内（第二回以降は五年毎）に条約の実施のためにとった措置について委員会に報告を提出しなければならない（第四四条一）。委員会は、報告等の情報に基づく提案及び一般的な性格を有する勧告を行うことが出来、それらは関係締約国に送付される（第四五条d）

こととなっている。このような仕組みは、国際人権規約、女子差別撤廃条約などの人権関係条約に共通して見られるものである。

(3) 政府は、九六年五月に国連事務総長を通じて第一回の報告を委員会に提出し、同報告については、九八年五月、ジュネーブにおいて関係省庁から成る日本代表団の参加の下、二日間にわたり審査が行われ、委員会は六月五日に日本に対する勧告を含む最終見解を採択した。この過程で、政府の他に日本の関係団体やNGOからも日本における条約の実施に関する多くの資料、情報が委員会に提出されている。その中には、国会審議の段階で問題となったような案件も含まれており、ここでも条約の児童観に関する基本的見解の相違が現れている。審査においても、委員から、条約の用語の翻訳の問題、非嫡出子の相続の問題、児童の意見表明権等を始め、非常に広範にわたる問題が取り上げられた。

最終見解は、多岐にわたる事項に関する委員会の提案と勧告を含んでおり、その主要なものは次のとおりである。

・児童の権利の監視メカニズムの設立
・条約に関する広報、研修、教育の充実
・NGOとの協力の推進
・非嫡出子に対する差別是正のための法的措置
・韓国・朝鮮人、アイヌ等の少数民族の差別の撤廃
・男女の婚姻最低年齢の差異の是正
・児童のプライバシーの権利の保障

・暴力、ポルノ等の有害な情報からの児童の保護のための措置
・児童の虐待や不当な取扱いに対する措置
・障害児の差別の防止及び社会参加
・青少年の自殺及びエイズの防止策
・児童の過度のストレス及び登校拒否に対する措置
・学校における人権教育の推進
・体罰、いじめ等の学校における暴力の防止
・性的搾取からの児童の保護に向けた包括的行動計画の必要性
・薬物濫用に対する措置の推進
・少年司法制度の見直し

児童の権利委員会からの提案及び勧告は法的な拘束力を有するものではないが、政府としては、これらの提案及び勧告の内容等を十分に検討の上、適切に対処していくこととしている。

終わりに

以上見たとおり、この条約は締結に際し国会で大きな議論を呼んだが、その主要な論点は、この条約によって初めて取り上げられたものではなく、我が国の児童に関する政策（立法政策を含む）に関して従来から問題とされていたものが、この条約の締結を契機として改めて議論の対象となったということであると思

われる。政府は、条約の締結について国会の承認を求める段階で、条約の義務履行という法的な観点からは既存の法制度を改める必要はないとしたが、この条約を実施していく過程で児童に関しいかなる政策をとるべきかは引き続き十分に議論されるべきであり、その結果として国内立法の見直しが議論されることもあり得よう。児童の権利委員会に対する報告及びそこでの審議、更には委員会からの提案と勧告は、そのようなプロセスに大きな意味を有していると思われる。

「児童」か「子ども」かに象徴的に現れた基本的立場の相違は、条約の締結により決着がつくような性格のものではなく、今後とも議論が継続されるものと思われる。

注

国会審議における発言は、年月日、本会議・委員会（衆本、参本、衆外、参外は各々衆議院本会議、参議院本会議、衆議院外務委員会、参議院外務委員会を指す）、発言者（政府側の発言者には肩書きを付した。議員の場合には肩書きを省略し括弧内に党名を記した）、質問議員（発言が政府答弁の場合）の順で示した。なお、敬称は省略した。

発言については、類似のものが多くある場合、代表的と思われるもの、まとまった形のもの等を記載した。したがって、ある事項についての質問と答弁は必ずしも同一の場において対応して行われたものではない。質問と答弁が対応している場合はまとめて注を付した。

なお、引用においては言い回しに若干の変更を加えている場合がある。

（1） 九三・五・一一　衆外　高沢寅男（社）

(2) 九三・六・一〇　参外　矢野哲朗（自）　対矢野哲朗（自）
(3) 九三・六・一〇　参外　小西説明員　対狩野勝（自）
(4) 九三・五・一一　衆外　小西説明員　対佐藤泰介（社）
(5) 九三・四・二三　衆本　武藤国務大臣　対柳田稔（民社）
(6) 九三・五・一一　衆外　小池政府委員　対土井たか子（社）
(7) 九三・五・二六　衆外　小池政府委員　対武田邦太郎（新進）
(8) 九三・六・一〇　参外　武藤国務大臣　対佐藤泰介（社）
(9) 九三・四・二三　衆本　武藤国務大臣　対矢野哲朗（自）
(10) 九三・六・一〇　参外　小西説明員　対高沢寅男（社）
(11) 九三・五・一一　衆外　小西説明員
(12) 九三・四・二三　衆本　佐藤泰介（社）
(13) 九三・五・二八　参本　乾晴美（民主改革連合）
(14) 同前
(15) 九三・四・二三　衆本　佐藤泰介（社）
(16) 九三・六・一〇　参外　森暢子（社）
(17) 九三・六・一〇　参外　肥田美代子（社）
(18) 九三・五・一二　衆本　佐藤泰介（社）
(19) 九三・五・二一　衆外　山元勉（社）
(20) 九三・五・一一　衆外　狩野勝（自）
(21) 同前
(22) 九三・六・一〇　参外　矢野哲朗（自）

(23) 同前
(24) 九三・四・二二　衆本　後藤田国務大臣　対佐藤泰介（社）
(25) 九三・五・二一　衆外　小西説明員　対小森龍邦（社）
(26) 同前
(27) 九三・五・二〇　衆外　岡光説明員　対秋葉忠利（社）
(28) 九三・六・一〇　参外　小西説明員　対竹村泰子（社）
(29) E/CN. 4/1986/39 pp 4-5, E/CN. 4/1988/28 p. 47
(30) 九三・五・二八　参本　後藤田国務大臣　対浜四津敏子（公）
(31) 九四・三・二九　参外　小池説明員　対矢野哲朗（自）
(32) 九三・五・二一　衆外　山原健二郎（共）
(33) 九三・五・一一　衆外　狩野勝（自）
九三・五・一一　衆外　鍛冶清（公）
(34) 九三・四・二三　衆本　柳田実（民社）
(35) 九三・四・二三　衆外　森山国務大臣　対柳田実（民社）
(36) 九三・五・一一　衆外　冨岡説明員　対狩野勝（自）
(37) 九三・五・一一　衆外　冨岡説明員　対川島實（社）
(38) 九三・四・二三　衆本　森山国務大臣　対菅野悦子（共）
(39) 九三・五・一一　衆外　狩野勝（自）
(40) 九三・五・一二　衆外　佐藤泰介（社）
(41) 九三・五・一二　衆外　小西説明員　対佐藤泰介（社）
(42) 同前

(43)　九三・五・一二　衆外　冨岡説明員　対佐藤泰介（社）
(44)　九三・五・一一　衆外　冨岡説明員　対狩野勝（自）
(45)　九三・五・一一　衆外　小西説明員　対鍛冶清（公）
(46)　九三・五・二一　衆外　伊東秀子（社）
(47)　九三・四・二三　衆本　大野由利子（公）
(48)　九三・四・二三　衆本　後藤田国務大臣　対大野由利子（公）
(49)　同前
(50)　九三・五・二一　衆外　倉田説明員　対小森龍邦（社）
(51)　九三・五・二八　参本　後藤田外務大臣　対吉川春子（共）
(52)　九三・五・二〇　衆外　野田政府委員　対秋葉忠利（社）
(53)　九三・五・二〇　衆外　小西説明員　対秋葉忠利（社）
(54)　九三・五・二〇　衆外　秋葉忠利（社）
(55)　九四・三・四　衆外　羽田国務大臣　対秋葉忠利（社）
(56)　同前
(57)　九四・三・四　衆外　高野政府委員　対秋葉忠利（社）
(58)　九三・四・二三　衆本　宮澤内閣総理大臣　対大野由利子（公）

6　少数者の人権
――例としての性転換者の権利――

初川　満

一　序

我々の住む社会を支えている価値観は、多数者により形成され共有されるものであり、この価値観を基礎とした社会システムは、多数者により運営・管理されている。言い換えれば、我々は多数者が当然とする価値観の産物たる社会システムの中で、考え行動している。その必然的結果として、少数者は常に、自己の価値観に合わない社会システムの中で、自らを抑え迎合することにより、日々を過すことを強いられているのである。しかし言うまでもなく、少数者といえども、自己の価値観に従い人間として幸わせな人生を送る権利を、当然に有している。社会的動物たる人間が他の動物と大きく異なるところは、まさにこの点にあるといえよう。それ故、この多数者の価値観により形成された社会システムにおいても、少数者の価値観が多数者のそれと衝突する場合、どこまで少数者の権利を認めるべきかが、しばしば論じられている。しかし、こうしたいわば「少数者の権利の社会による容認」は、まさに多数者による論理の発現形態にすぎないのではないかが、今や問われなくてはなるまい。言い換えれば、少数者の権利は、多数者を含めた他者の権利と衝突する場合にどこまで制限され得るか、といった人権の観点から少数者の権利を論ずることが、求められているのである。

そこで本稿では、現代社会における少数者の例として性転換者をとり上げ、彼等の人権について考察することとしたい。性転換者は古来、多数者から見て理解し難いという理由で、いや場合によっては多数者から見て異なるという理由のみで異端視され、彼等の人権については何らの配慮もなされてこなかった。しかし、そもそも少数者たる性転換者といえども、他者の権利と衝突しない限りその権利は当然に主張され得るのであり、また、衝突に際しても、通常の「人権の制限に関する諸原則（衡量、必要性、比例性等）」が適用されるべきである。そしてまた言うまでもなく、ここでの他者の権利は、多数者の思い込みに、言い換えれば歴史的偏見に根拠を置くものであってはならない。

なお本稿において「人権」とは、人間としての法的権利という意味で用いることとする。

二 問題の所在

(1) 概説

「性」別の決定には、生物学的性(sex)と心理的・社会的性(gender)がある。(1) 前者は、肉体的特徴を基準とした性、「身体の性」と言ってもよい。これは遺伝的に決定され、受精後一定の不可逆の段階を経て性分化が行われる。(2) それに対し後者は、出生後の心理的発達の段階で形成される。ここでは、自分は男又は女であるという認識(性の自認)や、男らしさ・女らしさという社会的・文化的な性の役割が重要である。(3) もっとも、後者の性別の決定に関してのみならず生物学的にみても、男女は明確に二分されるものではない。(4) また、「性のありよう」にもさまざまな要素がある。「身体の性」の他に、「性の自認」や、性愛が男女どちらに向うかという「性指向(性対象選択)」、そして「性別役割」などが考えられる。そうした意味では、「性」別というものは多元的であり、一律に決定することはきわめて難しいものである。

しかるに現在の社会は、あくまでも男・女の明確な区別を前提とした社会システムにより動いていると言わざるを得ない。言い換えれば、「性」の問題についても、多数者の価値基準により「決定」されているのである。よって、これは多数者による少数者の人権の無視ではないのか。「性」の決定に関しても、今や我々は性の多様性を受け入れ、少数者が幸わせな人生を送る権利を認めて行くべきではないのか。といった点からこの問題は考え直されなくてはなるまい。

（1） 男女の性には、生物学的あるいは肉体的な性別、戸籍上あるいは法律上の性別及び社会的あるいは精神的な性別、の三つあるとするものがある（平凡社大百科辞典（一九八五）「ヒトの性転換」の項参照）。
（2） 「性転換治療の臨床的研究」に関する審議経過と答申」埼玉医科大学雑誌第二三巻第四号（以下、埼玉医科大雑誌）三一四・三一五頁参照。なお、生物学的性は、①発生学的性、②内分泌学的性、③生殖腺、④内部生殖器官の形態、⑤外部性器の型態、という構成要素により成立しているとされる（現代精神医学大系第八巻(一九八一)二三八頁)。
（3） 埼玉医科大雑誌二四〇、二四一頁。
（4） 例えば、両性具有の存在。

⑵ 性転換とは

一般には、人は生物学的性（sex）と心理的・社会的性（gender）は一致する。しかるに何らかの理由によりこれが一致しないとき、これを性同一性障害とよぶ。(1) そしてこの性同一性障害中最も主要なものが、性転換症（transsexalism）と呼ばれるものである。ここに性転換症は、「生物学的には完全に正常であり、しかも自分の肉体がどちらの性に所属しているかをはっきりと認知しながら、その反面で、人格的には自分が別の性に所属していると確信し、日常生活においても、別の性の役割を果そうとし、さらには変性願望や性転換願望を持ち、実際に実行しようとする人々である」と定義されている。(2) これは明確に、同性愛とは異なる。同性愛者は、自分が男性又は女性であることを前提に同性を愛する。しかるに性転換症者は、自分は肉体が示す性とは別の性に属している、と確信している。言い換えれば、人格における性別意識と身体上の性別が、異なる状態にある。なおこうしたことの発生原因については、胎内での発生途上に何らかの障害が起きるからかもしれないとか、養育のされ方が影響する可能性もあると言われているが、医学的には未だ明確には解明されていない(3)。

こうした性の不一致、すなわち性別違和（gender dysphoria）により引き起こされる精神的な苦痛を解消するための治療の一手段として、生物学的な性を自分の意識における性に一致させる手術が行われるようになってきた。これが、いわゆる性転換手術である。つまり性転換手術は、本来患者の症状の緩和を目的とするものであり、患者の「性」を変更させることを主目的とするものではない。とはいえ、患者が人として幸わせに生きていくための治療行為の一つとして、性転換手術は位置づけられるべきであるから、この手術には性転換者の「人権」としての面を考慮に入れる必要がある。

（1）　米国の研究によれば、成人男性二四、〇〇〇～三七、〇〇〇人に一人、女性一〇三、〇〇〇～一五〇、〇〇〇人に一人ぐらいの割合で、性同一性障害が存在するとされる（埼玉医科大雑誌三一七頁参照）。
（2）　埼玉医科大雑誌三一四頁。なお、同旨、現代精神医学大系第八巻二五二頁。
（3）　埼玉医科大雑誌三一六、三一七頁参照。

(3)　問　題　点

日本では、一九六九年に男性から女性への性転換手術を行った医師が、「故なく生殖を不能にする手術」を行うことを禁じた優生保護法（現在の母体保護法）違反で有罪判決を受けて以来、性転換手術はタブー視されてきた。そのためこの手術を希望する者は、国外において手術するしか手段はなかった（非合法な手術はさておき)。これは、我が国では性同一性の研究が十分に紹介されなかったために、ともすると伝統的な精神病理学における「性的倒錯」の研究と同一視されてしまう傾向が強かったことによる(1)。言い換えると、性転換は、性的異常行動の範疇に入れられ、その時代・文化において正常行動とされるもの(つまり、多数者にとっての「正常行動」)からの逸脱と看做されてきた。

しかるに、一九九八年一〇月一六日に、埼玉医科大学において、国内初の公式な性転換手術が行われた前後から、性転換の問題がいわば公然と論じられるようになった。そしてこの手術をきっかけとして、性転換は単なる特殊な趣味の領域の問題ではなく、「病気」の一種であるという認識が広がってきている(2)。

これはまさに大きな前進といえよう。しかし、性転換の問題を治療行為の一手段とのみ位置づけることは、この問題を誤まった理解へと導びきかねないという危険性を否定できない。そもそも性転換は、自己の性同一性とか性指向についての問題でもある。ここに性指向は、政治的・文化的・宗教的伝統に影響をうけた性の多様性とも密接な関係をもつが、それに加え性転換は、社会の少数者に生ずる現象であるという点が強調されるべきである。性転換の問題は、「手術」という治療行為に関する問題、つまり①手術についての外科技術上の問題、②ホルモンの大量投与に伴う心理面への影響の問題、③手術後の社会適応上の問題、いわゆるアフター・ケア等を解決することにより終わるわけではない。医学が解決するのは、この問題のもつ諸争点のほんの一部にすぎない。言うまでもなく、手術によって完全な「男又は女」になれるわけではない。手術により生殖機能の転換はできない。しかしそれのみならず、社会制度における扱いが変わらないのであれば、真の解決にはほど遠い。

性転換を治療行為と看做したとしても、性転換患者が人として生きる権利を認め、そしてそうした患者が人として生きて行く上で最も望ましい「性」は何かを問い直すことが、今や求められているのである。言い換えれば、社会基準（多数者の基準）による性の決定と、個人（少数者）の意識に基づく性の決定の共存を受け入れる社会[3]が、今や求められている。しかし言うまでもなく、社会制度における性転換者の扱いについては、性転換者の人権の保護のみならず、民法上の身分・婚姻などといった、長年に亘り形成され維持されてきた価値（たとえ、多数者による価値としても）をも考慮する必要がある。つまり、性転換の権利を、治療行為に関連しての権利と解そうと、将また ヨーロッパのように人権特にプライヴァシーの権利の問題として解そうと、こうした権利と他の諸価値を体現した制度（たとえば、戸籍の性別の変更、名前の変更、婚姻等）との関係については、一層の検討が必要とされる[4]。

そこで、以下において、日本における性転換をめぐる諸問題を分析し、次いで、ヨーロッパ人権条約における この問題を廻る議論をみて行くことにより、少数者の人権としての性転換者の権利について考察して行くこととしよう。

（1）　現代精神医学大系第八巻二三三、二三四頁参照。
（2）　外科的性転換手術を性同一性障害の治療の一手段とみなす答申を、埼玉医科大学倫理委員会は出した（埼玉医科大雑誌三二四頁）。
（3）　自己決定権の議論から性転換の問題を正当化するかに見えるものもある、とするものがある（大村敦志「性転換・同性愛と民法」（下）ジュリ一〇八一号（一九九五）六九頁参照）。
（4）　性転換に関わる法制度上の問題について、生命倫理との関連での権利の問題と、現実の法制定の問題、という二つに分けて問題提起したものとして、建石真公子「性転換とはどのような人権か」法セミ五二五号（一九九八）二二一、二二三頁。

三　日本における性転換者

(1)　概　説

性転換に関し生ずる諸問題につき、国内裁判所はどう判断してきたかを、具体的事例に基づき見て行くこととしよう。なおこれについては、二つのレベルで考えて行くことが必要であろう。第一には、そもそも性転換手術は、どう法的に位置づけられるのかという問題である。性転換手術は、生れながら有する肉体にメスを入れ、生来の性とは異なる性器官を作る外科的手術であるから、刑法上は傷害罪の構成要件に該当するのであり、又、後述の我が国唯一の性転換手術に関する事件を扱った昭和四四年東京地裁判決（同控訴審で東京高裁は、昭和四五年に控訴棄却(1)）が、「故なく生殖を不能にする手術」を禁じた優生保護法（現母体保護法）違反と断じたように、性転換手術を純粋に「性器を除去し、異性性器に似た器官を新たに作る」という、いわば外科手術としての技術的側面にのみ光をあてて論じるならば、これは「去勢」と言える以上優生保護法二八条(2)の構成要件に該当すると解されよう。しかし言うまでもなく、性転換手術は、いわばこの手術により治癒する病気の治療行為の一環として行われ、この手術を必要とする者にとり幸せな社会生活を送る上に不可欠だと言えるのではないかが、問われるべきである。その意味では、いわば社会的相当行為として、こうした手術が正当化され得る場合を考えるべきであろう。第二には、性転換の問題は外科手術により全てが解決するわけではない、ということである。いかに外形が手術により反対の性に似たとしても、社会制度上の扱いが変わらなければ（手術前の性で扱われるならば）、真の意味での解決にはほど遠いことは明白である。よって、性転換手術の結果生じる外形上の性の変更を社会制度上どこまで追認すべきか、つまり社会制度上の位置づけが、次の問題となる。

（1）一審・東京地裁昭和四〇年（わ）三〇七号他、優生保護法二八条違反事件、同昭和四四年二月一五日判決、二審・東京高裁昭和四四年（う）一〇四五号、同昭和四五年一一月一一日判決。

（2）現母体保護法二八条「何人も、この法律の規定による場合の外故なく、生殖を不能にすることを目的として手術又はレントゲン照射を行ってはならない。」

(2) 法的な位置づけ

性転換という語は、一般には出生の際に確認された性とは異なる性の人間としての外観を、何らかの手段により作り出すことを意味する。こうした性転換が問題となる場合としては、間性の場合（一般には「半陰陽」という語がよく用いられる）と変性症の場合（性転換症あるいは性転向症ともよばれる）の場合が考えられる。

間性の場合には、形態的あるいは機能的にどちらかの性に近づけるために、何らかの外科手術がなされることがある。その際において、戸籍上の性とは異なる性に近づけるときには、性転換の問題が生じる。とはいえ、変性症―簡単にいうと、肉体的性と意識的性が異なるもの―の望む性的外観を与えるために治療行為として外科手術を行うことを、狭義においては性転換手術とよんでいる。(1) よって、本稿においてとり上げる性転換の問題は、専らこの狭義の性転換手術を廻ってのものに限定して考察することにする。[2]

ところで、性転換手術の一段階として、男娼に対しこう丸摘出手術を行ったという事件につき、東京地裁は、①性的倒錯者に対する性転換手術そのものが、医学上広く治療行為として認められているか否か、②それが肯定されるとしても、本件手術が具体的に正当な治療行為として評価し得るか否か、を問題とした。[3] そしてまず、「精神の異常を精神科的接近により治療することがほとんど絶望的であるから、これらの者の精神的苦痛を除去するために、異常な精神の欲求に対し本人の願望するように肉体の方を外科的手術で変更し、生物学上反対の性の解剖学的構造に類似させることにより一応の自己満足を得させ、精神的葛藤を減少させて均衡をとろうとすることが、治療行為として考えられてくる」[4] のであり、「性転向者に対する性転換手術は次第に医学的には治療行為としての意義を認められつつある」が、「生物学的には男女性いずれでもない人間を現出させる不可逆的な手術であるというその性格上、それはある一定の厳しい前提条件ないし適応基準が設定されなければならない」のであり、「こうした基準を逸脱している場合には、現段階においてはやはり治療行為としての正当性を持ち得ないと考える」とした。[5]

次いで性転換手術が法的にも正当な医療行為として評価され得る条件として、①手術前の精神医学、心理学的な検査と一定期間の観察を行うこと、②患者の家族関係、生活史、将来の生活環境の調査を行うこと、③手術の適応は精神科医を混えた専門を異にする複数の医師により決定され、能力ある医師により実施されること、④診察記録等の資料を作成保存すること、⑤性転換手術の限界と危険性を十分理解し得る能力のある患者の同意と配偶者又は保護者の同意を得ること、の五つを挙げ、[6] 本件手術は上記条件を満たしていないので、現在の医学常識から見てこれを正当な医療行為として容認することはできない、と判示した。[7]

なお、同控訴審たる東京高裁は、原審の判断を全面的に支持した。[8] そしてその後、公式には埼玉医科大学での手術まで性転換手術は行われず、それ故にその適法性の司法判断が問われることもなかった。

（1）「性転換手術と云う場合、狭義においては、半陰陽のような肉体的畸型に対するものではなく、専ら性的倒錯者を対象としてその肉体を反対性のそれに解剖学的に類似させるために、性器、外陰部等に一連の肉体的変更を行う手術を指すことがある。」（優生保護法二八条違反判決、判タ二三三号（一九六九）二三三頁）。

（2）性転換手術については、社会的及び倫理的批判がなされている他、医学上も、性転向者の異常な精神的欲求を満足させることは、本質的に医学的な意味での治療行為とは認め難いとか、解剖学的に類似させるだけであり、結局は中性化した人間に変えるにとどまるものであり、医学倫理上許されない、あるいは医学上の研究がまだ未熟である、などを理由として反対がある（大島俊之「性転換と法」判タ四八四号（一九八三）八三頁参照）。

（3）判タ二三三号二三三頁

（4）判タ二三三号二三六頁

（5）判タ二三三号二三七頁

（6）判タ二三三号二三七頁

（7）判タ二三三号二三八、二三九頁

（8）判時六三九号（一九七一）一〇七頁

(3)　社会制度上の位置づけ

前項において触れたように、性転換手術により少数者たる性転換者のもつ問題が全て解決するわけではない。人間として幸わせに生きて行くためには、社会制度上彼等の人権が認められることが不可欠である。言い換えれば、多数者と同じ扱いを受ける権利を享受するという点において何ら差別されることのない人権が、少数者たる彼等に認められることが必要なのである。しかるに現実問題として、目に見えぬ社会生活上の壁はさて置き、法制度上も、たとえば性転換後の名前の変更は可能か？　戸籍の性別記載の変更は可能か？　婚姻の権利についてはどうか？　などといった問題が起きよう。

ではまず、名前の変更の可能性について見て行くこととしよう。これについては、性同一性障害を理由として、戸籍に記載されていた男性名を女性名に変えたいとする申立てについて、家庭裁判所がその申立てを認めた事例が現われている。[1]よって、戸籍法一〇七条の二「名の変更」が求める改名を許可するための条件としての「正当な事由」として、性同一性障害が認められる場合があると言ってよかろう。

次に、戸籍の性別の変更はどうであろうか。性転換を行った後の戸籍上の性別変更が不可能となると、身分証明の際に不都合が生じることから、幸わせな社会生活を送ることは難しくなることは言うまでもあるまい。しかるに戸籍法は、一一三条において訂正が許される場合として、「戸籍の記載が法律上許されないものであること、又は、その記載に錯誤若しくは遺漏がある場合」を挙げているので、戸籍上の性別訂正の申請は本条に基づき行われることとなる。そしてこれについては、女性への性転換手術を海外で受けた後に、戸籍の続柄欄の記載を「二男」から「長女」へと変更することを求めた審判が、法的判断として存在している。当該事例では、申立人が、もともとは半陰陽であり長ずるに従い女性の特徴が顕著となり、転換手術を受けて外形的にも女性となったとして、性記載の訂正許可を求めたのに対し、名古屋高裁は、「人間の性別は、性染色体の如何によって決定されるべき」として、「鑑定書によれば、（事件本人の）性染色体は正常男性型というのであるから、女と認める余地は全くない」とし、申立てを却下した原審判[(2)]を是認した[(3)]。もっともこの事例は、いわゆる人工的な性転換手術により女性化したことを理由とする性別に関する戸籍訂正の事例とされてはいるが[(4)]、申立人の半陰陽の主張が少なからず審判の判断に影響を与えていると考えることもできよう。なお、いわゆる純粋な半陰陽の場合、出生届の際「長女」として届出がなされたが、後日手術の結果男性であることが判明し、「長男」への性別の訂正が許された例がある[(5)]。また、乳房除去手術を受け、二女から二男への性別変更の申立てをした事例では、横浜家裁は、性同一性障害は認めたものの、性別は、生物学的生理学的な見地から判断されるとして、申立てを却下している[(6)]。

　最後に婚姻について見て行くことにしよう。憲法二四条一項は、「婚姻は、両性の合意のみに基づいて成立」すると規定している。これについては、同性間の婚姻を法的に承認するのに何ら障害とはならない、と考えるものもいるが[(7)]、憲法は男女間の婚姻を当然の前提としていると考えるべきであろう[(8)]。また、民法七四二条一号にいう「婚姻の意思」は、社会通念に従ってすなわち両性間において、婚姻とみられるような関係を形成する意思であり、同性間において婚姻する意思はこれにあたらない、とする解釈が一般的である[(9)]。

（1）名の変更許可申立事件・静岡家裁平成一〇年四月八日審判
（2）名古屋家裁昭和五四年九月二七日審判
（3）名古屋高裁昭和五四年一一月八日決定・家裁月報三三巻九号六一頁
（4）判タ四〇四号（一九八〇）解説（一三七頁）参照。
（5）東京家裁昭和三八年五月二八日審判、田中加藤男「戸籍訂正に関する諸問題の研究」司法研究報告書一六輯三号二五六頁参照。

(6) 戸籍訂正許可申立事件・横浜家裁平成六年三月三一日審判

(7) 角田由紀子『性の法律学』(有斐閣、一九九一)二一〇、二一一頁参照。

(8) 日本国憲法には、同性間の婚姻の法的保護の手がかりとなると言うほど積極的な評価を与えることはできない、とする考えが一般的である。例えば、樋口陽一「〝近代〟にこだわる―〝人権〟という考え方をめぐって」法セミ四八九号(一九九五)一七頁参照。

(9) 例えば、カップルの性が同じであることは、婚姻障害とされる(星野英一『家族法』(放送大学教育振興会、一九九四)五九頁参照)。

(4) 小むすび

いまや性転換に関する関心は高まってきている。その上、埼玉医科大学における性転換手術の報道が示しているように、単なる好奇心の対象としてよりも、医学的な議論を、冷静に節度をもって行おうという姿勢が見られるようになった。この理由としては、医学的な研究が進んできたこと。そして、価値の多様化に伴い家族観や性道徳が変化し、性転換をタブー視する考えが弱まりつつあること。また、欧米の性転換に関する情報を知る機会が増えてきたことに伴い、性転換者がいわゆるカミング・アウトしたこと。そしてこれらに加えて、人権意識の高まりから、性転換者のような少数者の人権にも配慮することの重要性が、徐々に認識され出したこと。などがあげられよう。

ただ、性転換に関する判例としては、前述の東京地裁・同高裁における判決が唯一のものであるため、我が国における議論の中心はもっぱら、治療行為としての妥当性に関するものとなっている。例えば、性転換手術は、「本人の全人格の人工的変更を意味するという点で、人間の尊厳を基本とする法秩序の精神に矛盾することは明らか」であり、「正当化される可能性は、それが治療行為の領域内に含まれるものとして構成される以外にはないことは明らか」であるとするものとか[1]、性転向症者の治療方法として性転換手術は許容されるべきかという問題なのか、果たまた人間の尊厳性、モラルの問題であり行うべきではないという問題なのか、という医学と医倫理の問題と把えるものが見られる[2]。そして共に、医師の行為が刑法三五条の正当業務行為と言えるのかという論点から、性転向症者に対する性転換手術は治療行為と認定し得るかを問うている。

もっとも、近年の人権研究の進展に伴い、性転換が単なる治療行為としての意味しか有していないわけではない、という認識が見られるようになってきたことは、いわば自然の流れと言ってよかろう。例えば、性転換手術は、「変性症者の苦悩をやわらげることを目的として行われる」のではないかとするものとか[3]、「自己決定権の尊重、ライフスタイルの自由といった議論から性転換や同性愛に対する法的保護を正当化するかに見えるものもある」とするものがある[4]。これらはまさに、少数者としての性転換者の人権の保護という視点から、この問題を考えようとする姿勢の表われと言えるのであり、社会のモラルとか公序良俗といった多数者の価値観から一方的に論ずることを考え直すことが、まさに問われ出したと言えよう。

では、こうした点については、ヨーロッパではいかに考えられてきたのであろうか。

（1）　金沢文雄［判例評釈］判タ二八〇号（一九七二）九一頁。
（2）　高島学司「性転換手術と優生保護法二八条」医事判例百選（一九七六）二〇三頁参照。
（3）　大島俊之「性転換と法」判タ四八四号（一九八三）八六頁。

（4） 大村敦志「性転換・同性愛と民法（下）」ジュリ一〇八一号（一九九五）六九頁参照。

四 ヨーロッパ人権条約と性転換者

(1) 概 説――プライヴァシーの権利――

言うまでもなく、プライヴァシーの権利は、自由の中心的概念をなす権利の一つとして発達してきた。生命の保護に対する権利とか肉体的・精神的尊厳性に対する権利などと共に、この権利は人間の「個」としての存在に対する尊重を保護する。人は誰もが、肉体的にも精神的にもそして又法的にも存在する権利を有するのみならず、己れに固有の、個々の性質、容貌、名誉などを尊重される権利を有してもいる。そういう意味ではプライヴァシーの権利は、公的な干渉とか私的な干渉という区別を問わず、他者より何らの干渉を受けることなく平穏に過ごすことのできる権利、ということができよう。しかしまた、人間としての自由は、単にその存在について実現されるだけでは不充分であり、その行動においても実現されることが不可欠である。しかるに人間の行動は、通常他者へ向けられるが故に、常に他者のプライヴァシーへの干渉のおそれを含んでいる。よって、プライヴァシーの権利は、個々人の存在及び行動域が、他者の自由域に抵触しないことを条件とするもの、と定義することができるように[1]、何らかの制限を当然に内包した権利といえよう。このことは、全ての国際人権文書が、個人のプライヴァシーの権利を規定するに際し何がしかの制限を認めていることからも、明らかといえよう。例えば、世界人権宣言は、個人のプライヴァシーを「恣意的な干渉」から保護しているが[2]、この権利はまた、同宣言に認められている全ての他の権利と同じく、社会に対する義務により制限されるし、[3]また、民主的社会における道徳や他者の権利を守るために必要な法律による制限に服しもする。[4]それに対し自由権規約は、この権利を宣言と同じように保証し、「恣意的及び不法な干渉」から個人を保護すると規定しているが、[5]これはすなわち、法律に基づく不法でない干渉は許されるということを前提としている。[6]またヨーロッパ人権条約は、上記二文書と似た保証を与えているが、[7]この権利の制限として、公共の道徳や他者の権利及び自由を守るために、法律に基づきかつ民主的社会において必要な干渉を、公機関に許している。[8]

さて、ヨーロッパ人権条約においては、「すべての者は、その私生活及び家庭生活、住居並びに通信の尊重を受ける権利を有する」と規定されている。[9]そして、こうした諸権利を一括してプライヴァシーの権利と呼んでいる。もっとも一般的には、プライヴァシーの権利は、その本質は個人の最小限にしか干渉されずに生きる権利というところにあるとされ、[10]ここに規定される以外の権利をも含んでいると解されているが。例えば、プライヴァシーの権利の初めての権威ある分析というべき一九七六年のヨーロッパ人権委員会の決定においても、「私生活」の尊重を受ける権利は、いわゆるプライヴァシーの権利すなわち当人の望むかぎり知れ渡ることから護られて生きる権利のみならず、個々の人格特に感情面においての人格の発展と充足のために、他人との関係を樹立し発展させる権利をも含んでいるとされた。[11]

その後、ヨーロッパ人権委員会及び同裁判所は、こうして定義された意味を超えて、人格形成にとり必要であると考えるべき個人の人格の幅広い要素及び出現形態をカヴァーするものへと、「私生活」概念を広げてきている。[12]つまりプライヴァシーの権利は、他人の自由やプライヴァシーの領域に抵触しない個人の存在及び自律の領域を保護するもの、とされているのである。言い換えれば、プライヴァシーの権利は、「個人の存在」という領域における、個人の尊厳性[13]（integrity）、独自性（identity）[14]、私事（intimacy）（私的な特性、行動又はデータを公けになることから守ることを言う）及び、性の表出（sexuality）（性の自律は、プライヴァシーの領域において、他者との交流の権利に重要な事例を提供している。）[15]、などを保護すると主張されている。[16]

とはいえ既述のように、プライヴァシーの権利は何らかの制限に服する。個人自身が私的生活を公的生活と接触させたり、他の保護すべき利益と密接な関係を有する限りにおいて、プライヴァシーの権利の主張は、自動的に何がしかの減退を余儀なくされるのである。[17] 例えば、ヨーロッパ人権条約によると、「法律に基づき、かつ、民主的社会において必要」な場合には、公共の道徳又は他の者の権利及び自由の保護のために、個人のプライヴァシーを制限することが締約国には許されている。[18] そしてここに「必要な」（necessary）とは、公共の道徳や他人の権利・自由を保護するために「差し迫った社会的必要性」に答えるものでなくてはならない。言い換えれば、個人に課せられる義務を凌駕する、その干渉に対する社会の必要性というものが存在しなくてはならない。[19]

しかし、プライヴァシーの権利は一般的に言って、「いわゆる他者（社会を含む）との関係においては制限され得る」といえるが、この権利の享有主体が本稿のような性の自律に関しての少数者である場合においては、制限の具体的な妥当性、正当性を問い直すのみならず、プライヴァシーの概念自体が未だ明確な定義がなされていないことからも、その内容自体も再吟味して行く必要があろう。つまり、性転換者のような少数者のプライヴァシーの権利については、その制限は、こうした権利を認めることにより影響を受ける者たちの保護のために絶対的に必要な場合のみ認め得るのであって、ある性的実行が一般道徳概念と衝突するからといってそれだけで制限を認めることはできまい。こうした場合には、例えばヨーロッパ人権裁判所が、北アイルランドにおける同性愛行為一般を禁じた法律はプライヴァシーの権利を規定した八条違反になるが、少年に関してはそうした禁止は許容される干渉であると判断しているように[20]、一般的にプライヴァシーの制限が許される場合よりもより厳格な基準が求められるべきであろう。

最後に、締約国の義務について触れておこう。八条は、公機関による恣意的な干渉から個人を保護するという締約国の消極的義務を規定しているのみならず、締約国の積極的義務、特に個人関係においてすら私的生活の尊重を確保する義務を生じさせる。[21] 勿論、消極的義務・積極的義務の場合を問わず、一般の利益と当該個人の利益の間には公平な均衡がとられなくてはならないが。[22] とはいえ、ではいかなる積極的義務が締約国に課せられているかについては、現時点においては関連の事実次第であろうとしか言えないのであって、[23] 未だ確たる定義を見い出せる段階ではない。[24]

（1）M. Nowak, "U. N. Covenant on Civil and Political Rights" (1993), p. 288 参照。
（2）一二条
（3）二九条一項
（4）二九条二項
（5）一七条一項
（6）General Comment No. 16, UN Doc. A/43/40, Annex VI (1988) para. 3 参照。又、国内法により干渉が生じた場合は、本項にいう「不法な」干渉ではない（The Mauritian Women Case,（規約人権委員会）No. 35/1978, § 9. 2(b)2 (i) 4 参照)。
（7）八条一項

（8） 八条二項

（9） 八条一項

（10） 一九七〇年ヨーロッパ審議会が出したマス・メディアと人権に関する宣言参照（拙著『国際人権法概論』（信山社、一九九四）二一〇頁）。

（11） Appl. 6825/74, Decision of 18, May, 1976, D. & R. 5, p. 86

（12） L. G. Loucaides, "Personality and Privacy under the European Convention on Human Rights", LXI, B. Y. I. L. (1990), p. 189 参照。

（13） これの侵犯の例としては、強制的な医学検査がある。拙著「国際人権法概論」二一二、二一三頁参照。なお、ヨーロッパ人権委員会及び同裁判所は、私生活概念は、性的生活を含む肉体的及び精神的尊厳性をカヴァーしていると述べている（Appl. 8978/80, Decision of 5, July, 1983, 6, E. H. R. R. p. 311 ; X and Y v. The Netherlands, Judgment of 26, March, 1985, Publication of the European Court of Human Rights, Series A.（以後 A.）91, Para. 22.）。

（14） これは、名前、容姿、服装、髪形などと共に、思想、信条、宗教などの自由をも含む。又、いわゆる社会的性も含まれると解されている（Nowak, 前述注（1）p. 295 参照）。

（15） 例えば、ヨーロッパ人権委員会は、「私的生活の尊重を受ける権利は、個人がその個性の発展及び事実を自由に追求できるような領域を、個人に確保するようなものであるべきである。このためには、個人はまた、他者と性的な関係を含む多様な関係を樹立する可能性を有すべきである。」と述べている（Bruggeman and Scheuten v. Germany, Appl. 6959/75, D. & R. 10 (1978), p. 100）。

（16） Nowak, 前述注（1）pp. 294-299 参照。

（17） Loucaides, 前述注（12）、p. 179 参照。

（18） 八条二項

(19) Dudgeon v. U. K., 4 E. H. R. R. pp. 164-165 参照。
(20) The Dudgeon Case, Judgment of 22, Oct. 1981, A. 45. なお同事件人権委員会報告 3, E. H. R. R., p. 40 参照。
(21) X and Y v. The Netherlands, A. 91；人権規約委員会 General Comment No. 16, para. 1 (UN Doc. A/43/40,Annex VT) 参照。
(22) The Caskin Case, A. 160 参照。
(23) 締約国の積極的義務についての問題は、まさに社会及び個人の必要性や資源を考慮し条約の履行を確保するためにとるべき手段について、締約国が広い裁量権をもっている分野のものである (Johnston and Others v. Ireland, Judgment of 18, Dec. 1986, A. 112 参照)。
(24) Loucaides, 前述注 (12) p. 181 参照。

(2) 性転換者の法的地位

性指向に関する法律分野を眺めると、ヨーロッパ人権条約においては、米国法[1]を含む大部分の国内法の伝統的扱いよりもずっと手厚く、個人に対する法的保護がなされていると言ってよかろう[2]。

そして、性転換者の権利については今や、性転換手術[3]の結果生じた性による法律上の地位の変更を国家当局が認めないことは、性転換者の私生活の尊重を受ける権利に対する干渉ではないかという点が、ヨーロッパ人権条約上争点となっている。なお、ヨーロッパ審議会における議員会議は、性転換は各国が人権を尊重し答えを見い出すべき比較的新しくかつ複雑な問題を引き起こしている点を指摘し、未だ特別の規則が存在しないために性転換者が私生活における差別と侵害の犠牲者となっていることを認め、(a) 出生登録及び身分証明書における当該個人についての言及は訂正されるべきであること。(b)「名」の変更は認められるべきであること。(c) 当該個人の私生活は護られなくてはならないこと。(d) 基本的人権の享受における全ての差別は、ヨーロッパ人権条約一四条（非差別条項）に従って禁止されること。という四点につき、閣僚委員会は加盟国に対し立法措置をとるよう勧告を行うことを求めた決議を採択している。(4)(5)

要するに、性転換手術後の性転換者の新しい地位を認めることを拒否する締約国は私生活を尊重することに失敗しているという点、及び、性は人間の人格の重要な要素の一つであるという点については、ヨーロッパ人権委員会及び同裁判所に共通の認識が今や樹立されているといってよかろう。争点は、締約国の裁量権との関係で具体的に締約国はどこまで性転換者の人権を認めるかということにすぎない、と断言しても間違いとは言えまい。

では以下において、具体的事例において、性転換者からの姓名等の変更請求に対しヨーロッパ人権委員会及び同裁判所は、いかなる判断を行っているかを見て行くこととしよう。(6)

(i) 性転換者による性転換に基づく名前等の変更の訴えは、一九七七年初めてヨーロッパ人権委員会により受理された。(7)

〈事　実〉

ドイツ国民たる申立人は、一九七〇年に行った性転換手術により、男性から女性に性転換後、名前の変更及び出生登録の性の記載訂正を求めた。(8)

名前の変更に関しては、ドイツの行政裁判所は、当局に対し以下の理由から申立てに応じ変更するよう命令した。[9] そもそも申立人は、性転換手術の結果、精神的にも外見的にも女性として生活しているのであり、男性名では多くの問題を引き起こす。例えば、未だ多くの人々は性転換者の直面している問題をほとんど理解していないのであって、その無遠慮な言動は、性転換者に深刻な精神的緊張を引き起こす。又、性転換者がパスポートや身分証明書を提示するに際しても、外見の性と名前の示す性が異なることから難しい問題が生じ得る。こうしたことから、申立人の名前を変えることの利益は、人の名前は出生登録時における性別に符合したものでなくてはならないという原則を維持することによる公共の利益に勝っている、と言うことは正当化されると考える。[10]

但し、出生登録の訂正については、政府は、性の変更は家族法及び相続法における第三者との関係で問題が生じることを理由として、否定した。[11]

〈委員会意見〉

証明書の中では申立人は男性として表示されているため、必然的に様々な問題を引き起こすということを理由として、申立てを受理。[12]

そして、ヨーロッパ人権委員会の受理決定後、連邦憲法裁判所が、性転換により性の変更があったことを出生登録に付け加え訂正する趣旨の決定を行ったことから、ドイツ政府との間に友好的解決がなされた。[13]

(ii)　Van Oosterwijck 事件[14]

〈事　実〉

申立人は、ベルギー生れの女性である。性転換のために一九六九年から一九七三年にかけてホルモン及び外科治療を受け、男性としての肉体的特徴を獲得し男性として社会生活を送っているにもかかわらず、市民的地位を証明する文書中における性記載の変更が認められなかった。[15] なお、ベルギーには性転換に関する法律は存在しなかったため、性転換者の法的地位それ自体はベルギー法のいかなる条項の対象ともならず、例えば出生証明書の記載を訂正してもらうには、こうした市民の地位に関する証明書に作成時誤りが存在しなくてはならないのであり、また人工的な肉体的特徴の変更を考慮に入れるという法律の条項は存在しなかった。[16] もっとも、名前の変更に関しては、一九七四年施行された名前及び姓の変更に関する法律[17]によると、何らかの理由さえあれば名前の変更は政府の許可により可能となり、その結果発行される出生証明書は新しい名前を記載してのものとなる。[18]

〈申立人主張〉

市民の地位に関する証明書の性に関する記述を訂正する余地を認めないことは、肉体的外見と法的地位が異なる理由を多くの人々に対し明白にすることを強要する。又、このことは、ヨーロッパ人権条約八条に反し、通常の法取引及び幾つかの権利行使に際し第三者に対しまったくの私事を知らせ、私生活に対する過度のかつ不当な干渉に耐えることを強要するであろう。確かに名前の変更が認められれば、幾つかの権利の行使は容易となろう。しかし、出生証明書を提出するたびに、外見と証明書の述べている正体との違いを証明しなくてはならないという、屈辱的な状態におかれることとなろう。[19]

〈委員会意見〉

締約国の義務は、基本的には消極的な義務であるが、国家が適切に状況を規制するための行動をとり、一定の事実又は書類に法的効果を与える場合が存在する。こうした場合において、その後起きる変化を考慮に入れることに失敗するならば、状況によっては、何らの新しい積極的干渉行為を行うことなく私生活の尊重を侵害することとなるかもしれない。[20] そもそもベルギーにおいては、幾つかの場合において、その外見と市民的地位の違いについて人前での説明を強要される。[21] こうした状況下においては、申立人を男性として法的に認めることを拒否することは、それ自体が八条にいう私生活の尊重を受ける権利への侵害とならないかを、考えてみなくてはならない。[22]

確かにベルギーで採られた措置は、申立人が個性の発展及び充実のために必要な性的な関係を含む多様な関係を、他者と樹立することを妨げているとはいえない。しかしベルギーが、申立人の肉体的形態、肉体的構造そして社会的役割による結果としての性の同一性という、人格において重要な要素を認めることを拒否していることは、現在申立人が考えることのできない性にこの者を限定しているのであり、八条の私生活の尊重を受ける権利の侵害である。[23]

(iii)　Rees v. U. K. 事件[24]

〈事　実〉

英国民たる申立人は、一九七〇年にホルモン治療をはじめ、一九七四年女性から男性への性転換手術を行った。一九七一年に女性名を男性名に変え、以後出生登録以外の公式書類（パスポート等）は全て新しい男性名でありかつ“Mr”の敬称が付けられている。

英国国内法によると、誰であれ本人が望む姓名を、何らの形式上の制約も制限もうけることなく使用する権利があるが、新しい姓名は法的な証明書にも有効であり、パスポート、運転免許証、車登録証、国民保健カード、税金コード等の書類においても用い得る。[25] 又、性転換者も、新しい「性」にあった Mr., Mrs., Miss といった敬称付きの書類を発行してもらうことができる。[26] しかるに出生証明について事務当局は、出生登録時の「性」の決定については生物学的な基準（染色体、生殖腺、生殖器）による性を用いている。事務上の記載ミス又は生殖器による性判断ミス若しくは両性具有者といった場合のみ、登録の変更が認められる。性転換者について、出生登録に誤りが存在したと認めることはできない。[27] これは出生登録というものが出生時における事実を記録したものであることによる。つまり、出生証明書は、現時点での身分ではなく、歴史的事実を明らかにするものである。又、出生登録制度は、個々人に起きたことの正確かつ権威ある証拠を提供し、相続に関する家族関係を確立することを可能ならしめるものである。[28]

なお、出生証明書は、実際上は機関や雇用者によっては要求するかもしれないが、法律上はいかなる目的のためであれ、提出が求められていない。[29]

〈申立人主張〉

法律上はともかく、実際上は出生証明書を提出させる場合がかなり存在する。例えば、一般的に年金保険に加入の場合、保険会社から要求される（火災保険、生命保険などの加入には概して要求されないが）。[30] しかるに、出生証明書は、申立人の外見上の性と法的性との間に矛盾が存することを明らかにするから、これを求められるたびに申立人に当惑と屈辱を感じさせた。[31]

〈裁判所判決〉

現在のところ、本件のような分野において締約国間に共通の基盤は存在しない。よって性転換者の要求にどこまで答えるかは、各締約国に任されていると言わざるを得ない。よって問題は、締約国の裁量権と積極的な義務との関係にある。一般論として、締約国に積極的な義務が存するか否かを決定するには、社会の一般的利益と個人の利益との間に、公平なバランスが存するか否かが考慮されなくてはならない。[32] 本件においては、出生証明書は単に歴史的な事実を記録しただけのものと考えられ、現在の市民法上の地位を示したり証明したりする書類というようなものではない。その上、もし出生登録の記載の変更が行われたら重要な行政上の結果をもたらし、一般人に新たな義務を課すこととなる。[33] しかるに英国では、性転換者といえども自由に姓名変更が、出生登録以外の公文書では可能であるから、[34] 公の利益と性転換者の利益を比較衡量するに、出生登録の記録変更を認めなかったことが八条違反とまではいえない。

(iv)　B v. France の事件[35]

〈事　実〉

仏国民たる申立人は、一九六七年頃からホルモン治療を始め、一九七二年男性から女性への性転換手術を行った。

一九七八年申立人は、「性」の変更及び新しい名前を記録するため、出生証明書の訂正を求めて訴訟を起こした。しかし申立人のような性転換者は真の性の変更を得たものではないから、公式記録の訂正を求める何らの権利もないとして、この訴えは却下され、パスポート、身分証明書、運転免許証を含む申立人に関する公文書類は、未だ男性名を付けたままであり、かつ、社会保健証は男性に用いられるコード番号を使用したままである。

なお、姓名に関しては、出生証明書に記した以外のものを公文書などにつけることは、原則として禁じられている。仏民法[36]により新しい名前をつけることはでき得るが、申立人よりの正当な理由の提示と裁判所の許可が条件であるし[37]、又、非公式に名前を変えても法的な効力は有しない[38]。

〈申立人主張〉

フランス当局は、申立人の市民的地位の登録及び公式身分証明書類の「性」表示の訂正を許すことに失敗したことにより、きわめて個人的な情報を第三者に明らかにするよう強要している。又、フランスと英国においては、立法に関しても公的機関の態度に関しても基本的に異なるものがあるので、Rees 事件と同じように考えるべきではない。

〈裁判所判決〉

名前変更は、英国と比べ仏国においては制度的に格段に困難であり[39]、このことは八条に関し考慮すべきことである[40]。

また、市民法上の地位に関する制度を比べると、英国の出生登録が、個人の地位を記録するものではなく歴史的事実を記録するものであるのに対し、仏国では、出生証明書は個人の人生に応じて最新のものに訂正されることが意図されている[41]。それ故に、転換前の性の訂正を命じた判決をそこに記入することは可能である[42]。そしてまた、個人の性を記録した公文書の数が増加してきているのであり[43]、出生証明書の性の表示は、日常生活においても重要な意味をもっている。

以上の点を考慮すると、本件は前例とは異なるのであり、公文書に記入されている性と外見上の性の間の矛盾の結果として申立人が被る不便さもまた、十分に深刻であり考慮する必要がある。

よって、たとえ締約国の裁量権を考慮に入れても、本件における扱いは、一般的利益と個人の利益の間に公平なバランスが達成されているとは言えないのであり、八条違反となる。[44]

(v) 最後に、X, Y and Z v. U. K.[45]を見て行くとしよう。

〈事　実〉

Xは、女性から男性への性転換者であり、女性であるYと共に暮らしていた。一九九二年Yは、第三者による人工授精によりZを出産した。英国国内法によると、人の性は誕生時の生物学的な基準により決まるのであり、性転換により変更できない。このため本件Xのような女性から男性への性転換者は、女性との結婚を許されないのであり、又、子供の父親と看做されることもできない。[46]また、法は、未婚女性が第三者による人工授精により出産した場合、精子提供者ではなくそのパートナーが法的には子供の父親として扱われる、と規定している。[47]そこでXは、Zの父親として登録したいと登録官長に申出たが、登録官長は、生物学的な男性のみが登録のためには父親と看做され得ると判断した。[48]なお、Xの姓をZに付けることはできる。[49]

〈申立人主張〉

本件での争点は、出生証明書を修正することを求めているのではなく、むしろ子供Zの出生証明書に父親として記載することを求めていることにある。そしてこうした場合には、法律により社会的父親が認知されることの子供の利益は一層強いのであり、国家の裁量権はより狭いものであるべきである。[50]

〈裁判所判決〉

八条の重要な目的は、個人を公機関による恣意的な干渉から保護するという消極的な義務であるが、それに加え、私生活又は家庭生活の効果的な尊重ということに内在する積極的義務も存在している。そしてどちらにおいても、個人と社会全体の競合する利益間に公平なバランスをとるよう考慮しなくてはならないが、そのどちらにおいても国家は一定の裁量権を享受している。(51) 言い換えれば、社会全体は、子供の最善の利益をまっさきに考慮する家族法の統一のとれたシステムを維持することに利益を有している。(52) そしてこれに対するものとして、申立人を子供の「父親」として法律上認めないことの結果として申立人が被る不利益というものを、考量しなくてはならない。(53)

こうした点を具体的事例に当てはめて考えた結果、裁判所は以下のように結論した。締約国に一般的に共有される手法というものが存在しないため、性転換は、複雑な科学的、法律的、道徳的かつ社会的な論争を引き起こしている。そうした点を踏まえるとここでは、八条が、生物学的に父親でない人をして子供の父親と公式に認めなくてはならない義務を含んでいると解することはできない。(54)

（1） 例えば、反自然的性交罪を支持したものとして、Bowers v. Hardwick, 478 U. S. 186 (1986)

（2） 例えば、ヨーロッパ人権委員会及び同裁判所は共に、同性愛者の権利を、私的かつ同意に基づく成年者の同性愛行為に限定して認めているとはいえ、* ヨーロッパ人権条約八条におけるプライヴァシーの権利を、同裁判所は繰り返し、私的かつ同意ある同性愛活動に加わる成人の権利へと広げて解釈してきている。**

＊例えば、軍隊における同性愛の禁止を支持したものとして、B v. U. K., Appl. 9237/81, 34 D. & R. p68 (1983).

＊＊例えば、Dudgeon v. U. K., A. 45 (1981)

（3） 性転換手術の実態については、バーバラ・カンプラート、ワルトラウト・シッフェルス編著［近藤聡子訳］『偽りの肉体―性転換のすべて』（信山社、一九九八年）が詳しい。

（4）　Recommendation 1117（1989), 29 Sep. 1989

（5）　なお、性転換者であるとか性転換手術を行ったとして解雇することは、雇用に際し男女同等の扱いの原則の適用を求めているヨーロッパ共同体指令（Directive)* にいう性による差別を構成する（P. and S. and Cornwall County Cuncil Case, c-13/94 European Court of Justice, 1996 E. C. R. 1-2143.)。

＊Art. 3 of Directive 76/207/E. E. C.（1996)

（6）　なお、拙稿「私生活の尊重を受ける権利（ヨーロッパ人権条約八条）と性転換者」国際人権五号（一九九四）八四頁以下参照。

（7）　X v. F. R. G., Appl. 6699/74, Decision of The Commission on 15, Dec. 1977, D. & R. 11（1978) pp. 24, 25

（8）　D. & R. 11, p. 17

（9）　D. & R. 11, p. 18

（10）　D. & R. 11, p. 18

（11）　D. & R. 11, p. 20

（12）　D. & R. 11, p. 25

（13）　X v. F. R. G., Appl. 6694/74, Report of the Commission on 11, Oct. 1979, D. & R. 17（1980), p. 27. なお、一九八〇年に施行された特殊事例における改名及び性帰属の確定に関する法律（性転換者法）―TSG―により、ドイツでは性転換を理由としての改名及び性の変更が認められるようになった。

（14）　Publication of the European Court of Human Rights, Series B.（以後B.）36（1979)

（15）　B. 36, para. 2.

（16）　B. 36, paras 19, 20.

（17）　Act of 2, July, 1974.

(18) B. 36, para. 21.

(19) B. 36, paras 25, 27.

(20) B. 36, para. 45.

(21) 例えば、土地売買に際し、事務弁護士に出生証明書のコピーを提示しなくてはならない。又、投票者名簿などには"Miss"という表示がされる (B. 36, para. 49 参照)。

(22) B. 36, para. 50

(23) 全員一致。B. 36, para. 52 参照。

(24) Appl. 9532/81, Judgment of 17, Oct. 1986, A. 106

(25) A. 106, para. 19

(26) A. 106, para. 40

(27) A. 106, para. 23

(28) A. 106, para. 21

(29) 例えば、パスポートを初めて申請する場合には一般的に提供しなくてはならないが、更新や取替えには不要である (A. 106, para. 25 参照)。

(30) A. 106, para. 25

(31) A. 106, para. 34

(32) A. 106, paras. 42-44 参照。

(33) 家族法や相続法の分野において複雑な問題を引き起こすであろう。

(34) A. 106, paras. 19-20

(35) Appl. 13343/87, Judgment of the Court on 25, March, 1992, A. 232-c

(36) 五七条。

(37)　A. 232-C, para. 56.
(38)　A. 232-C, para. 58.
(39)　A. 232-C, para. 56.
(40)　A. 232-C, paras. 57, 58.
(41)　A. 232-C, para. 19.
(42)　A. 232-C, para. 52.
(43)　A. 232-C, para. 59.
(44)　A. 232-C, para. 63.
(45)　Appl. 75/1995/581/667, Judgment of 22, April, 1997.
(46)　前述注(45)　Judgment, para. 20.
(47)　The Human Fertility and Embryology Act 1990, Section 28 (3)
(48)　前述注(45)　Judgment, para. 17.
(49)　同　Judgment, para. 24.
(50)　同　Judgment, para. 38.
(51)　同　Judgment, para. 41.
(52)　同　Judgment, para. 47.
(53)　同　Judgment, para. 48.
(54)　同　Judgment, para. 52.

(3)　婚姻への権利との関係

以上見てきたように、ヨーロッパ人権条約八条のプライヴァシーの規定は、事実上の私生活及び家族生活の保護を目的としている。それに対し婚姻への権利は、同条約一二条で「婚姻をすることができる年令の男女は、権利の行使を規制する国内法に従って、婚姻をしかつ家族を形成する権利を有する」と規定していることからも、相対する両性が形式的かつ法的に認知された結合によって婚姻する権利を保護する、という本質的な違いがあるとみるべきである。(1) つまり同条約一二条が保証する婚姻への権利は、生物学的に相対する性を持つ人の間における伝統的な結婚について言及しているのである。(2) そしてこの権利の行使は、各締約国の国内法に大部分が任されているといってよい。但し、国内法で完全に婚姻への権利を奪うことは許されないことは言うまでもないが。(3)

言い換えれば、誰が誰と結婚できるかを決める基準として生物学的な性を用いることは、国家の裁量権の範囲の問題であり、各締約国に許されている。(4)(5) もっとも、ヨーロッパではかなりの数の国が、婚姻を目的とした場合ですら性転換を認めてきているが。(6)

なお、性転換者の婚姻への権利と密接な関係をもつものとして、同性間の婚姻がある。言うまでもなく性転換者の婚姻は、もし生物学的基準に従って判断するならば、ほとんどの場合同性間の婚姻と言い直すことができよう。しかるに、同性間つまり単一性カップルの結婚をもって全面的に法律上の婚姻を認めた国はまだない。(7) もっとも、例えばデンマークやノルウェーのように、同一性カップルが法律上、伝統的異性間婚姻とほぼ同じ法的関係に入ることを認めた国もある。(8)(9) とはいえ、婚姻は本質的に異性間の制度であるから、やはりこうした登録関係の性質はあくまでも「結婚」ではなく、制度上の結婚が支えられる法律上の結果と同じ結果をもつ関係にすぎないというべきであろうが。(10)

言い換えれば、婚姻については、現時点ではこれが歴史に裏付けられたきわめて社会的な制度であることから、同性間の婚姻や、性転換者の転換後の婚姻を認めるか否かは、あくまでも各国家の裁量に任されているのである。よって、多くの国がこうした人同士の婚姻を認める方向へ進むならば、こうした婚姻制度自体の存在理由が問い直されることとなろう。

（1） The Cossey Case, Judgment, of 27, Sep. 1986 13 E. H. R. R., p. 634 参照。
（2） The Rees Case, Judgment, A. 106, para. 49 参照。
（3） The Van Oosterwijck Case, B. 36, para. 56 参照。
（4） The Cossey Case, Judgment, A. 184, para. 46 参照。
（5） 例えば、イギリスの裁判所は、性転換手術は当該個人の「真の」法律上の性を変えないとして、男性からの性転換妻と女装夫間の婚姻を無効とした（Corbett V Corbett, [1970] 2 W. L. R. 1306, 2 All E. R. 33 (P. D. A.)）。
（6） 例えば、イタリア、オランダ、スペイン、デンマーク、ドイツ、トルコ、フィンランド、ルクセンブルグにおいては、立法化されていると指摘されている（The Cossey Case, 13 E. H. R. R., p. 622 の少数意見参照）。
（7） 例えば、米国における統一基準として「結婚」の定義を初めて行った婚姻防禦法（The Defense of Marriage Act）は、一人の男性と一人の女性の結合を結婚の定義として成文化し、同性間の関係を結婚として扱うことを無効とした（28 U. S. C. § 1378 C (1996)）。
（8） 同性同士が公式に登録することを認め、これによりカップルは婚姻により得られる法的効果と同じ役割（例えば、扶養、税金、保険、移民問題等について）を与えられるし、又、重婚罪と同じ罪を負う（Registered Partnership Act; デンマーク（Act No. 372, 1989）、ノルウェー（1993））。

(9) 例外としては、子供を養子にできないことが挙げられている(例えば、Pederson, "Denmark : Homosexual Marriages and New Rules Regarding Separation and Divorce" 30 J. Fam. L. (1991), p. 289 参照)。
(10) K. M. Norrie, "Reproductive technology, transsexualism and homosexuality : New Problems for International Private Law", 43, Int'l & Comp. L. Q. (1994), p. 770 参照)。

五 結び

以上見てきたように、ヨーロッパ人権委員会・同裁判所は、性転換者の人権を、私生活の尊重を受ける権利(いわゆるプライヴァシーの権利)として認めている。そして今や、性転換を行う権利そのものは、当然に認められるものとされ、例えば多くのヨーロッパ諸国(英国、イタリア、スペイン等)においては国民健康保険の適用が、性転換手術に認められている。

勿論ヨーロッパにおいても、性転換手術は治療行為の一つとして行われているのであり、性転換を必要とするか否かの判断については専門家による厳格なチェックが求められている。しかしヨーロッパでは、治療行為を必要とする理由として個人の人格の尊重が大きな位置を占めているのであり、人間としての尊厳性の確保に不可欠のものとして、性転換は受けとめられているのである。言い換えれば、個々人の人格の問題として性の転換を把え、肉体的性と精神的性の一致を必要とする人々の、人らしく生きていくための権利として位置付けているのである。

ヨーロッパ人権裁判所の判決にも、例えば性転換の生物学的な外見上のいわば肉体的な性転換にのみ着目し、精神的な側面には目をつぶっている点や、いかなるレベルの性転換をもって性転換者としての権利を享受し得るかといった点などにおいて、これからの問題点を幾つも見つけることができる。しかし、性転換の問題を個人の人格形成の問題として位置づけ、プライヴァシーの権利の問題と認めたことにより、裁判所及び委員会が、少数者の人権として性転換者の市民法的地位を肯定したことは重要な意味をもつ。

そもそも少数者としての性転換者の人権は、代替措置により満たされることのない権利というべきであるから、当該個人の幸わせの追求のための一手段として性転換が必要であるならば、基本的には認めるべきであり、他人の利益言い換えれば多数者の利益に基づいた制度維持等の利益の保護を理由とした少数者の人権の制限は、慎重であるべきである。

勿論、人権に付け加えられる新しい権利は社会状況が必要とする場合にのみ出現するのであり、ここで見てきたような権利が新しく保護されるべき人権となるか否かは、まさに時間の経過と法的保護の必要性を認める社会次第である。しかし、人は皆幸福な人生を送る権利を有しているのであり、性転換を必要とする人々も、人間として自分の欲する人生を送る権利がある。それ故、多数者の価値観に基づいた社会の利益と少数者の利益という、いわば人権における利益衡量の問題として、わが国においても性転換者の法的扱いを論じて行くべきであろう。

7　個人の国際法主体性についての一考察
──国際人権条約における犠牲者概念の拡大──

初川　満

一　問題の所在

今日人権問題は、国家という枠を超えて、国際的関心事となっている。これは、従来の国家を介しての人権保障つまり国内人権保障システムによるのでは、もはや人権の保障は不充分であるという反省から、国際社会と個人とを直接に結びつけることの重要性が認識されたことによる。今や多くの国際人権条約が、個人は国際法廷に直接訴えることができると規定し、個人に新しい権利を付与している。そうして、これらの条約により個人は、国家を介することなく、国際社会により直接人権の侵害の救済を受け得ることとなる。とはいえ、それはあくまでも、国家が結んだ条約により、つまり国家が許した範囲において、言い換えれば、国家が作り出した土俵の上で、国際社会は個人をその対象とすることができるにすぎない、ともいえよう。(1)

その意味では、直接国際的な権利を有し義務を負うことのできる法主体、言い換えれば、国際法上の法律関係の当事者となり得るものを国際法主体と呼ぶとき、(2)個人はせいぜい限定された国際法主体ということができるにすぎない。とはいえ、個人に国際法主体性を認めることは、人権の最大の侵害者たる国家といわば対等の関係に立つことを可能とするともいえる。その意味では、個人の国際法主体性の議論は、人権保障の面からは、大きな意義を持つといえよう。

そもそも国家といえども、国際法システムにおける権利を有し義務を負う能力を有するメンバーとして互いを認識することにより、彼等自身の国際法主体としての地位を作ってきた。それ故に、こうした国際法システムが限定されたメンバーの法主体により樹立されるや否や、新メンバーの入会は、既存のメンバーの同意を要することとなることは自明といえよう。このことはまた、国際法の作り手たる既存のメンバーである国家が、例えば個人がいかなる条件の下に国際法主体としての地位を享受し得るかを決めることを妨げるものは何もない、ということを意味する。(3)言い換えれば、国際法主体としての地位の既存のメンバーによる承認は、国際法主体性を有するか否かを決定するに際し、重要いや決定的であるとすらいえよう。(4)そして、今や国家以外にも、すなわち国際組織にも何らかの国際法主体性を認めることが、現状に合致していることに異論はなかろう。[5] 国際司法裁判所が Reparation for Injuries 事件において、「いかなる法システムにおける法主体も、その性質又はその権利の範囲が当然に同じではないのであり、又、その性質は社会の必要性次第といえる」[6] と述べ、法主体のモデルの多様性を認めているように、国際法主体を国家に限る必要はないし、その権利や義務も国家のそれと同じである必要はない。

とはいえ、常設国際司法裁判所が Danzing Railway Officials 事件で一九二八年に既に述べているように、国家は条約により個人に対し直接に国際法上の主体としての地位を与え得るとはいえ[7]、現実の「人権保障」実現のために、個人に直接国際法上の権利が当然に帰属すると断ずることができるところまでは、未だ到っていないと言わざるを得ない。その意味からも、個人が国際法主体となるためには、何らかの既存の国際法主体による行動が不可欠といえる。

そこで本稿において、国家が条約により作りだした国際法廷が、個人の人権保護のために、国家が意図した範囲を超えて個人に出訴権をいかに広く認めていこうとしているかを見て行くこととしたい。言い換えれば、国際法廷が個人と独自に結びつくことにより、いわば個人に国際法主体性を付与し、個人の人権保障をいかに行っているかを分析することとしよう。

（1）例えば、ヨーロッパ人権条約や自由権規約のシステムにおいては、個人が申立権を有することは認めるとしても、それはあくまでも当該締約国の事前の同意次第であるにすぎぬとするものがある (I. Brownlie, "International Law at the Fiftieth Anniversary of the U. N.", Academie De Droit Int'l (1995), p. 62 参照)。

（2）国際法主体については、田畑茂二郎『国際法新講（上）』(東信堂、一九九〇) 六五頁以下参照。

（3） B. Cheng, "Introduction to Subjects of International Law : Achievements and Prospects, ed. by M. Bedjaoui (1991), p. 35 参照。なお、Reparation for Injuries 事件（I. C. J. Reports, 1949）において、国際法主体性は、既存の国際法主体、つまり国家の同意により法主体に対し与えられ得る、とされた。

（4） M. Dixon & McCorquodale, "Cases & materials on International Law" (1991), p. 126 参照。

（5） もっとも、国家とは異なり、限定された能力を有するのみではあるが。

（6） I. C. J. Reports, 1949, p. 178 参照。

（7） D. H. Ott, "Public International Law in the Modern World" (1987), p. 82 参照。

二　国際人権条約における個人の出訴権

(1) 概　説

国家のように、国際法主体のいわば原形をなすもので、当然に一般法原則から法主体性を付与され、完全な法的能力を享受し得る法主体とは異なり、個人の法的能力は、国際法上認められた権利に関し、国際法上許された範囲において、存在するにすぎない。言い換えれば、個人が国際法廷において生来的に当事者適格を有するか否かについては争いのあるところだが、国家が特定の権利の保護のために、個人に対し当事者適格を与えることに同意し得ることについては、異論はない。そして、現在の国際社会には、個人が何らかの権利を主張し得るシステムが幾つか存在している。例えば、国連信託統治システムにおける信託統治地域住民の請願の権利[1]とか、難民たる個人による難民高等弁務官事務所への直接の訴えが認められること、などがそうである。[2] また、こうした限定された個人ではなく、より普遍的な個人の出訴権を規定するものとして、国連経済社会理事会決議一五〇三、自由権規約、ヨーロッパ人権条約、米州人権条約、等が挙げられよう。

そこで、本章では、以下において、後者四人権文書において、個人への法主体性付与はいかになされているか、言い換えれば、個人はいかなる当事者適格を有しているかを、見て行くこととしよう。

(1) 国連憲章八七条・八八条。
(2) E. A. Daes, "Status of the Individual and Contemporary International Law : Promotion, Protection and Restoration of Human Rights at National, Regional, and International Level.", UN (1992), pp. 30～34 参照。

(2) 国連経済社会理事会決議一五〇三（いわゆる一五〇三手続）

一九七〇年五月二七日、経済社会理事会において採択されたこの決議は、「人権と基本的自由に対する、大量かつ信頼し得る証拠のある継続的形態の侵害」について、差別防止小委員会への個人等による通報の手続を定めたものである。この手続の主な特徴は、次のような点である。

(i) 関係する個人又は団体からの通報を認める点。ここに「関係する」とは、自由権規約よりは広く、当の犠牲者のみならず、いかなる人、集団又は N. G. O. であれ、侵害に関し直接又は間接に信頼し得る知識を有していると主張するという事、を意味する。[1] つまり、又聞きであろうとも、明白な証拠を提示すれば充分である。[2]

(ii)　個別の訴えを検討するための手続ではなく、あくまでも人権の大量侵害の検討である。
(iii)　この手続は、国連の一機関による決議に基礎を置くのであって、その実施は各国の自発的な協力に多くを依存する。この点において、拘束力ある条約である自由権規約とは明らかに異なる。もっとも、自由権規約が締約国にのみ適用されるのと異なり、この手続は普遍的に適用されるのであるから、全ての国に適用されることとなるが。
(iv)　世界人権宣言に認められるすべての人権の侵害、つまり自由権のみならず社会権をも、対象とする。
(v)　主な目的は、国家を糾弾することではなく、大量の人権侵害の有無の調査及び当該関係国がそうした侵害を終わらせる手助けをすることにある。そのため、委員会は法廷としてではなく、むしろ調査及び調停機関として行動することが求められている。なお、手続は非公開である。(3)

つまり、この手続は、(i)・(iv)から明らかなように、自由権規約の規約人権委員会によるよりも幅広い人権に関し、広く一般的に個人の出訴権を認めている。とはいえ、その実施は、(iii)から明らかなように、自由権規約よりもより各国の裁量に委ねざるを得ないのであり、又、(ii)・(v)から明らかなように、個人の人権侵害に対する訴えではなく、大量の人権侵害に対する訴えといういわば集合的な訴えの権利といえる。よって、一五〇三手続は、国際組織という国際法主体が個人にいかなる法主体性を付与し得るかという視点からは、他のものとは若干異質であると言わざるを得ない。

(1)　E. A. Daes, 前述(1)注(2)、p. 28 参照。
(2)　P. R. Ghandhi, "The Human Rights Committee and the Right of Individual Communications"

(1998), p. 90 参照。

（3） 一五〇三手続における通報手続の詳細な分析については、"U. N. Action in the Field of Human Rights", U. N. publication No. E83, XIV 2, pp. 328-300 参照。

(3) 自由権規約

自由権規約においては、第一選択議定書に、規約人権委員会への個人の申立権が規定されている。ではこの個人の出訴権には、どのような制約が定められているのであろうか。以下に見て行くこととしよう。

（i） 規約人権委員会は、自由権規約の締約国であり、かつ第一選択議定書の締約国による、自由権規約に定めある人権の侵害についてのみ、検討する権限を有する。[1] つまり、個人は、こうした条件を充たした場合のみ同委員会への申立てが認められるのであり、当該締約国が、もしも規約又は議定書の廃棄・終了・停止又は撤回を有効に行ったならば、同委員会は議定書による当該締約国への権限を失い、もはや個人は委員会へ通報することはできなくなる。[2]

(ii) 「自由権規約に定める権利を侵害されたと主張する個人」（犠牲者）のみが、通報する権利を有し、N. G. O. などにはこの権利は認められない。[3] 言い換えれば、「個人」とは一人でも多数でもよいが、[4] あくまでも「個人」でなくてはならない。但し、締約国の国民である必要はなく、当該締約国の管轄下にある者ならば誰からでもよく、例えば外国人でも無国籍者でも可であるが。[5] よって、少数民族の個々の構成員は、個別又は集合的に権利の侵害について通報を行うことができるが、民族とか組織といったものは、集合的法主体として通報を行うことはできない。[6]

なお、こうした理由により、人民の自決権及び資源の処分権が認められているにもかかわらず、[7]個人がこれらの権利を侵害され犠牲者であるとして、議定書による申立てを行うことはできないと解されている。[8]もっとも、この点については、委員会は、こうした権利が侵害されたとする訴えの場合には個人が代理の資格で出訴することを許すべきだ、とする考えが主張されているが。[9]

(iii) 犠牲者である「個人」自身又はその正式な代理人により通報がなされなくてはならない。但し、犠牲者自身が通報できない場合には、その者のために第三者が通報することができる。[10]そして、「その者のために」通報できる者であるか否かは、密接な家族関係があるかどうか等により、規約人権委員会は判断しているようである。[11]

以上のように、自由権規約議定書の作成者たちは、申立ては個人にのみ認めるという、他の人権文書と比べより厳格な規定を置いた。もっとも、規約人権委員会は、N. G. O. について、間接的方法、例えばN. G. O. のメンバーが個人の資格で申立てを行うことを、認めているが。[12]又、規約に定める権利の犠牲者のみが申立てできるのであるから、前述の一五〇三手続のように組織的な大量人権侵害に関する手続に時々みられるような、国民訴権 (actio popularis) とか、法規定の抽象的見解のようなものは、個人の申立てとしては受理されない。[13]

(1) なお、規約人権委員会の決定は、法的には拘束しないとはいえ、準司法的性質をもち、判決のように読まれてきている。

(2) 廃棄については、自由権規約には規定がないが、第一選択議定書は一二条に規定している(なお、無効・終了・停止・撤回については、条約法に関するウイーン条約四二条から七二条を参照のこと)。

(3) 第一選択議定書一条。なお、N. G. O. を代表する立場での申立てを受理しなかった例：Comm. No. 40/1978, A/36/40, p. 148 参照。
(4) 例えば、Mauritian Women Case, A/38/40, p. 145 参照。
(5) 規約締約国でない国の国民でも良いとする例：Marais v Madagascar, A/38/40, p. 141 参照。
(6) A. M. de Zayas, "The International Judicial Protection of Peoples and Minorities", in Peoples and Minorities in International Law, ed. by C. Brölman et al. (1993), p. 262 参照。
(7) 自由権規約一条。
(8) 規約人権委員会の解釈：A/42/40, p. 106
(9) P. Brar, "The Practice and procedures of the Human Rights Committee under the Optional Protocol of International Covenant on Civil and Political hights", 25, Indian Journal of International Law (1985), p. 514 参照。
(10) 規約人権委員会手続規則九〇条一項(b)
(11) 一般論としての犠牲者のための通報に関しては、A et al. v. S, Human Rights Committee Selected Decisions（以下 S.D）I, pp. 3, 17, 18 参照。
(12) Comm. No. 61/1979, A/37/40, pp. 161~167 参照。
(13) M. Nowak, "U. N. Covenant on Civil and Political Rights", (1993), pp. 659, 660 参照。但し、四一条による国家通報については、この限りではない（同 p. 592 参照。）

(4) ヨーロッパ人権条約

(i) ヨーロッパ人権条約は、個人及び締約国に、ヨーロッパ人権委員会への申立権を認めている。しかし、締約国に対しては自動的に申立権を認める(1)のに対し、個人に対しては選択的である。(2) つまり、個人は、人権委員会の申立て受理権限を認めた締約国に対してのみ、申立てができるにすぎない。[3] よって、現在本条約締約国はほとんど個人の申立権を認めているとはいえ、本条約の侵犯に対する救済手段としての申立ての権利は、国家から独立した権利とまではいえない。[4]

(ii) 当該締約国が個人の申立権を承認して初めて、個人は人権委員会という国際法廷に直接訴えることができ、国際的救済を得ることができるようになる点（自由権規約の場合も似ている）では、個人の置かれた立場は、いわゆる外交的保護のそれと一見同じに見える。しかし、両者には大きな違いが存在する。外交的保護では、補償は国家へのそれであるのに対し、ヨーロッパ人権条約の場合は、本条約違反による犠牲者自身の損害に対するものである。[5]

なお、現時点では未発効であるが、ヨーロッパ人権条約第一一議定書によると、締約国による個人の出訴権の承認は、もはや選択的ではなくなるから、個人の申立権は自動的に認められることとなる。[6] よって、個人の申立権は、国家から独立しより強化されることとなるであろう。

(iii) しかるに、ヨーロッパ人権裁判所への出訴権については、四四条に人権委員会及び締約国にのみ出訴権を認めると規定された。しかし、人権裁判所は、当初から個人に何らかの裁判への関与を認める解釈を行ってきている。例えば、人権裁判所の決定を受けるべく初めて事件が付託されたLawless事件[7]において、裁判所は、個人の申立人こそが事件の結末に直接影響を受けることに鑑み、四四条の文言は、裁判所の裁判手続に個人が関与することを絶対的に禁止しているように見えるとはいえ、個人は裁判手続において何らかの役割を与えられる権利を有している、と明確に述べている。[8] もっとも、同判決は、「これにより、当該個人が当事者適格を有するということになりはしない」と、言い直してはいるが。[9]

Lawless 事件の決定は、四四条の硬直した表現に何らかの実際的かつ現実的な意味を与えることにより、訴訟手続における個人の地位を自動的に向上させた。これを受けて人権委員会は、一九六〇年にその手続規則中に、事件が人権裁判所に付託されたことを申立人に知らせ、人権委員会の報告について委員会に意見を述べる機会を与え得る、という規定を加えた。(10) つまり、四四条は、締約国の首脳たちに、個人の申立人は、人権裁判所の審理に加わったり、締約国に直接対峙することはできない、という幻想を抱かせるための単なる法的フィクションとしての役割を果していただけだ、と言ってよかろう。(11)

(iv) その後人権裁判所は、一九八二年その手続規則を改訂し、裁判所における意見の表明について、人権委員会に全面的に依存していた個人の申立人に、人権裁判所において委員会に依存することなく陳述することのできる地位を与えた。(12) この裁判所規則は、個人の申立人が裁判所に自身訴訟手続を起こすことまでは許さないものであり、その意味では裁判所における完全なる訴訟能力を享受させるものではないとはいえ、裁判所の訴訟手続における個人の（手続上の）当事者適格についての、目覚ましい進歩を象徴している。この進歩の帰結として、遂に一九九四年発効の第九議定書により、個人の出訴権は承認されるに至った。もっとも、これには関係締約国の同意が条件とされているが。(13) よって、個人は、人権委員会レベルでは既に完全な訴訟手続能力を享受しているが、(14) 人権裁判所においても、「条件つき」ではあるとはいえ、当事者適格を享受することができるようになった。

（1） 二四条
（2） 二五条一項

(3) 但し、申立て権を有する個人は、当該締約国の国民に限られず、非締約国国民とか無国籍者を問わず、その国の管轄権内にあるすべての者である（一条）。

(4) J. H. Whitfield, "How the Working Organs of the European Convention have elevated the Individual to the level of Subject of International Law", 12. ILSAJ. Int'l L. (1988), p. 36 参照。

(5) H. Waldock, "General Course on Public International Law", II Recueil Des Cours (1962), p. 207 参照。

(6) これについては、薬師寺公夫「人権条約の解釈・適用紛争と国際裁判」紛争解決の国際法・杉原高嶺編（三省堂、一九九七）二三一頁以下及び同書掲載論文参照。

(7) I, Publication of European Court of Human Rights, Series A, (以下. Series A. I), (Preliminary Objection (1960)).

(8) 人権委員会は、実質上一方当事者としてではなくむしろ真実を追求することへの一般的利益の代理人として行動する〟と考えた (J. H. W. Verzijl, "International Law in Historical Perspective" (1969), p. 14 参照)。

(9) Lawless Case, Series A. I (Preliminary Objection (1960)), p. 24

(10) Rule 76

(11) J. H. Whitfield 前述注(4), pp. 38, 39 参照。

(12) Rule 30 (1) of Revised Rules of the Court, 24. Nov. 1982.

(13) 同議定書五条一項

(14) 例えば、二八条(a)

(5) 米州人権条約

(i) 米州人権条約も、個人による申立て及び締約国の米州人権委員会への通報を認めている。[1] しかし、個人、個人の集団又はN. G. O. からの、締約国による本条約違反に関する申立てについては、米州人権委員会の管轄権は選択的ではなく、強制的であると規定されている。(2) つまり、締約国による人権侵害の通報は、選択的であるのに対し、(3) 個人の申立権は絶対的権利なのである。これは、起草者たちが、国家が通報システムを政治的に利用することを怖れたのに対し、(4) 私人による申立権は、個人の権利の国際的承認に実践的効果を与えるために必要だ、と考えたことによる。(5)

(ii) また、いかなる人(6)または人の集団又はN. G. O. も、米州人権条約又は米州人権宣言の侵犯について、自分自身のためもしくは第三者のために、人権委員会に申立てを行うことができる。(7) つまりここでは、申立人が条約侵犯の実際の犠牲者であることは要件とされていない。国内法に言うところの、直接の訴えの利益がない者も、条約侵犯についての申立てを人権委員会に行うことが、可能である。よって、大部分の申立ては、犠牲者、その家族又は犠牲者の代理人により行われたものであるが、犠牲者と何らの接触のない者などにより、人権委員会への申立てがなされる場合もある。(8) なお、申立人は、訴えられた国の管轄権内に居なくてはならないという要件も存在しない、と解されている。(9)

(iii) 但し、米州人権裁判所への出訴権は、締約国又は人権委員会のみが有するのであり、又、人権裁判所の管轄権は、締約国の選択的管轄にすぎない。(10) よって、個人は人権委員会に申立てができるだけであって、たとえ人権委員会が事件を人権裁判所に付託することを決定しても、申立人は、人権裁判所に対し自動的に当事者適格を有するわけではない。もっとも、米州人権委員会規則によると、人権委員会は人権裁判所に事件を付託すると、すぐに申立人に知らせかつ意見を述べる機会を与えなくてはならない。そして、人権委員会は、この意見を人権裁判所へ伝達するか、あるいは人権裁判所に対しこの者に意見を直接述べる機会を与えるよう、求めることができるとされているが[11]。

つまり、米州人権条約においては、このように、主権国家の締結した条約自体において、申立人たる個人は条約侵犯の犠牲者でなくともよい、とされているのである。よって、本条約は、国民訴権が許されると解されているし、また、クラスアクションを起こそうとすることの可能性をも予期していると、解されている[12]。

以上こうしたことから、明らかに、出訴権に犠牲者を条件とする自由権規約やヨーロッパ人権条約よりも、人権保護に手厚い条約といってよかろう。しかし本稿では、国際法廷が国家により許された権限を超え、個人保護のためにいかに犠牲者概念を拡大しているかが主なテーマであるから、これ以上の分析はここでは行わない。

(1) 四四条、四五条
(2) 四四条参照。
(3) 四五条参照。
(4) Summary Minutes of the Conference of San José, in T. Buergenthal & R. Norris, 2, H. R. : The Inter American System (1983), p. 1197 参照。
(5) T. Buergenthal, "The American Convention on Human Rights : Illusions and Hopes", 21, Buffalo L. Rev. (1971), pp. 130, 131 参照。
なお、私人による申立ては、重要な人権保護のためには、国家によるそれよりもずっと効果的だ、と主張されている（同書、p. 196）。
(6) ここに「人」とは、あらゆる自然人を意味する（一条二項）。
(7) 四四条、米州人権委員会規則二六条一項。

(8) C. Cerna, "The Inter-American Commission on Human Rights", in The Inter-American System of Human Rights, ed. by D. Harris & S. Livingstone (1988), p. 78 参照。ここから、「将来の世代」も共同申立人とすることが可能と言うことができるかもしれない。なお、胎児の生命への権利についての訴えにおいて、胎児を原告の一人とするものがある (2, H. R. L. J. p. 110 参照。また、拙稿「Unborn Child の国際人権法上の権利」ジュリ一〇一六号（一九九三）、六五頁以下参照）。
(9) S. Davidson, "The Inter-American Human Rights System", (1997), p. 157 参照。
(10) 六一条一項、六二条一項
(11) 同規則 六五、六七、六八条
(12) なお、米州人権委員会規則二六条一項から、同委員会は明らかにそう解しているとされる（T. Buergenthal, "The Inter-American Court of Human Rights", 76, A. J. I. L. (1982), p. 237 参照（なお、原文では二九条六項とあるが、同規則にはこの条項は存在しない。二六条一項の誤りと思われる））。

三 国際人権条約における「犠牲者」

(1) 概 説

前章において、主な国際人権文書による個人へのいわゆる法主体性の付与の形態について、分析してきた。しかしこれらは、あくまでも国際法主体たる国家が、国際組織（主に国際法廷）がどこまで個人の人権救済に具体的に関与できるかを決定してきたかを、見てきたにすぎぬとも言える。つまり、これでは、あくまでも国家が許した範囲内においてのみ、言い換えれば、国家が国際組織に対し国家に代わり人権保障を行うことを委任した範囲においてのみ、個人は国際組織の対象となれるにすぎぬと言わざるを得ない。しかし、既に触れたように、国際組織は国際法主体として、国際人権条約における救済すべき個人、すなわち国際法廷への出訴権を有する個人―犠牲者―を解釈により拡大し、個人に国際法主体性を付与し、個人が国家から独立した存在として扱われることを可能とすることにより、個人の人権の保障を確実なものとすべく努力している。

そこで本項においては、具体的に、自由権規約とヨーロッパ人権条約における、規約人権委員会とヨーロッパ人権委員会及び同裁判所が、各々の条約により締約国が個人に対し与えた範囲を超え、つまり締約国が国際法廷に許した範囲を超え、出訴権を有する犠牲者の概念をいかに拡大すべく努力しているかを、みて行くとしよう。

(2) 自由権規約

① 第一選択議定書一条によると、訴えの利益は、自由権規約に定めるいずれかの権利が締約国により侵害されたと主張する個人にのみ与えられる。つまり、規約人権委員会への通報は、規約に定める権利を侵害された個人自身の手によりなされなくてはならない。[1] もっとも、個人は、申立てられた規約違反の時に当該締約国の管轄下にあればよく、国籍などは関係はない。[2] よって、通報する者は、規約に規定する侵害の犠牲者であることを、つまり直接個人的に被害を受けているということを、主張・立証しなくてはならない。[3] 言い換えれば、個人の通報は、国民訴権というような方法により抽象的に、締約国における法律とか行政行為が規約に違反するとして行うことは、許されない。[4] もっとも、通報者が多数にのぼるという事実だけでは、

通報が国民訴権となるわけではない。[5] 例えば規約人権委員会は、原則として似た状況下の個人の集団が集合的に権利侵害を通報することを妨げるものはない、として集団訴訟（group actions）を審議する用意があると述べている。[6] 又、個人にのみ訴えの利益が与えられることから、既述のように、N. G. O. や会社などには、ヨーロッパ人権条約とは異なり直接の出訴権はない。[7] もっとも例えば、物理療法の診療所による通報ではなく診療所の共同所有者からの通報という形式をとったり、[8] 会社の代表が個人として提訴した場合、[9] 委員会への通報を認め実質的には救済を図っているが。

なお、こうした場合においても、犠牲者が代理人により通報できることは言うまでもない。[10] 代理人による通報は、代理人が通報する権限を有することを証明して初めて考慮され得る。[11] 又、代理人は法律家でなくてはならないと言うわけでもないし、[12] N. G. O. であっても可能である。[13] 未成年者は、自身通報を行うことができるが、[14] 親によっても代理され得る。[15]

（1）D. F. et al. v. Sweden, A/40/40, p. 288 参照。
（2）A/38/40, p. 156 参照。
（3）Comm. No. 35/1978, A/36/40, p. 139 参照。
（4）E. P. et al. v. Colombia, A/45/40, p. 187 参照。なお、締約国における法律を抽象的に批難することは、委員会にはできないということは、判例法上定まっている（Faurisson v. France, A/52/40, vol. II. 参照）。
（5）E. W. et al. v. the Netherlands, A/40/40, vol. II, p. 198 参照。
（6）Lubicon Lake Band Case, A/45/40, vol. II, p. 27 参照。

（7） 政治団体からの通報を受理しなかった例：Comm. No. 104/1981, A/38/40, p. 236, 会社からの通報を受理しなかった例：Comm. No. 361/1989, A/44/40, p. 310 参照。
（8） Comm. No. 273/1989, A/44/40, pp. 286-292 参照。
（9） C. E. A. v. Finland, A/46/40, p. 293 参照。
（10） 規約人権委員会手続規則九〇条(b)。
（11） 夫が委員会に代理人が提訴することを求めている、とした犠牲者の妻からの手紙が証拠として採用された事例：Comm. No. 138/1983, A/41/40, p. 121 参照。
（12） 例えば、ジャーナリストでも可である（Comm. No. 170/1984, A/41/40, p. 168 参照）。
（13） Comm. No. 61/1979, A/37/40, p. 161；Comm. No. 182/1984, A/42/40, p. 160 参照。
（14） P. S. v. Denmark, Comm. No. 397/1990, A/47/40, p. 407.
（15） 子供が提訴できないならば、親権をもっていない親でも事実上の代理人として、委員会は認めている（Comm. No. 397/1990, A/47/40, p. 399 参照）。

② 通報は、犠牲者自身又はその代理人によらなくてはならないが、犠牲者とされる者のために第三者よりなされた通報も、当該個人が自らは通報できないと思われる場合には、受理され得る。[1] 但し、この場合には、通報者は通報を行う権限があることを立証しなくてはならないし、又、当該犠牲者の置かれた状況について正確な情報を提供し、かつ、犠牲者が自身では通報できない理由を提供しなくてはならない。[2] この点につき委員会は、通報者と犠牲者の問に十分なつながり（sufficient link）が存在することを証明した場合[3]（立証責任は通報者に有る）[4] に限り、第三者よりなされた通報は考慮され得る、と述べている。[5]

もっとも、密接な家族関係にあることは、犠牲者であると申立てられた者のために行動していることを証明しているものと看倣すに十分である[6]、と委員会は述べているから、こうした場合の立証はさほど難しくない。しかし一般的には、犠牲者と申立てられる者のために通報していることを立証するには、通報者が、当該犠牲者がそう行動することに賛同するであろうと信じ、かつ、犠牲者が自らのために行動することができないと信ずる理由を、提供しなくてはならない[7]。具体的には、逮捕後の当該犠牲者の居所が不明となった場合[8]とか、抑留されているため通報できない場合[9]などの場合において、委員会は第三者による通報を受理している。

（1） 規約人権委員会手続規則九〇条(b)参照。
（2） N. G. v. Uruguay, H. R. C. S.D. II, p. 9 ; Comm. No. 16/1977, A/38/40, p. 136.
（3） Comm. No. 1/1976, H. R. C. S.D. I, p. 17.
（4） Hartikainen v. Finland, A/36/40, p. 147 参照。
（5） A/38/40, p. 239 参照。
（6） 例えば、父親・夫・娘からの通報 Bleir v. Uruguay, A/36/40, p. 120 ; 妻からの通報 Touron v. Uruguay, A/36/40, p. 120 ; 兄弟・婿からの通報 Mbenge v. Zaire, A/38/40, p. 134 など。
（7） A et al. v. S., H. R. C. S.D. I, pp. 3, 17, 18 参照。
（8） Comm. No. 5/1977, A/32/44, p. 125 等参照。
（9） これが、第三者による通報で最多の場合である（Comm. No. 28/1978, A/36/40, pp. 114,115 ; Comm. No. 25/1978, A/37/40, p. 188 等参照)。

③ 既述のように、規約人権委員会は、実際に影響を被っていること（actually affected）が必要であり、

抽象的な権利侵害は扱わないと、何度も明かにしているが、同時に、実際に影響を被るという要件がいかに具体的でなくてはならないかは、まさに程度の問題であるとも述べている。(1) そして、この「程度」に柔軟性をもたせ、犠牲者が間接的に又は観念的に影響を被っている場合、つまり潜在的な犠牲者というべき場合をも、犠牲者と認めようとしている。

例えば、モーリシャスの女性からの、性による差別を含む外国人の扱いに関する法律についての通報の事例において、委員会は次のように述べている。(2) 当該法律は、通報者に不利益を与えるようには未だ適用されているわけではない。とはいえ、問題となっている規定は、当該家族がモーリシャスに住み続ける場合、家族生活をいつまで継続し得るかにつき不確かな状態におくから、これにより影響を被っていると主張する犠牲者の危険性というものは、理論上の可能性 (theoretical possibility) 以上のものであるという状態に該当する。つまり、法律の将来の適用の可能性は、規約により保護される諸権利に対する侵害のレベルにまで達し得る、ということである。

その後において、当該法律の何らかの実際の影響というものが法の執行自体は未だなくとも認められるという、上記事例に類似した状況について単に言及することだけから、(3) 何らかの状況下では国内法はその存在自体が規約における個人の権利を直接侵害し得るということは真実である、という結論を導びいている。(4) 但し、この事例においては、通報者自身が、当該法律により実際に個人的に影響を被ることを立証していないとして、委員会は不受理を宣言したが。(5)

なお、侵害が差し迫っている (imminent) ことを示すことができれば、犠牲者であると主張し得る、とも委員会は述べている。(6) そして、たとえ拷問自体は後にならねば実行されないとしても、拷問の行われることが予測可能な（forseeable）状況下において当該国に引き渡した場合は規約違反になるとして、結果の予測可能性から、こうした場合を締約国による現在の侵害と認めている。(7)

また、委員会は、死刑の事例に関しては、進んで潜在的侵害の審議を行っている。そして、規約上の締約国の義務のいずれかの侵害が存在する状況下では、死刑を課すことはできないと明言している。(8) ここでは、規約上の権利侵害の存在は、死刑の宣告というものを潜在的侵害へと変える、と判断しているということができよう。

（1）　Sara et al. v. Finland, A/49/40, vol. II, p. 261 参照。

（2）　The Mauritian Women Case, A/36/40, p. 139 参照。

（3）　なお、通報者が死刑に直面する可能性がある米国への犯罪人引渡しの事例において、Higgins を含め六人の委員より、個人的に通報者に影響を与える侵害は、当該締約国の行動の「必要で、かつ、予測可能な結果」でなくてはならない、という指摘がなされている（Cox v. Canada, A/50/40, vol. II. 参照）。

（4）　Group of Associations for the Disabled v. Italy, A/39/40, p. 197 参照。また、Ballantyne, Davidson and McIntyre v. Canada, A/48/40, vol. II, p. 102 参照。

（5）　前述注（4）A/39/40, p. 197, pr. 6. 2 参照。

（6）　E. W. et al. v. The Netherlands, A/48/40, vol. II, p. 203 参照。

（7）　A/48/40, vol. II, p. 141 参照。

（8）　例えば、Comms. Nos. 210/1986 and 225/1987, A/42/40, p. 231 以下参照。

④　では、将来の世代のための通報は認められるのであろうか。つまり、将来の世代は「犠牲者」に含ま

れ得るのであろうか。これについては、規約人権委員会は、自分自身と現在及び将来の地域住民のために行った、放射性廃棄物の保管に関する通報に関し、通報者は自身のため及び現在の住民のためにも（授権されていることを理由として）通報を行う権利を有しているから、「将来の世代」のために通報を行うことができるか否かの問題については、本件状況下では解決する必要はない、と述べている(1)。

これは、規約委員会は、当該事例では将来の世代のための通報の可能性について言及するまでもない、と判断しているだけであって、決してその可能性をも否定したものではないと言うことができる。

（1） E. H. P. and Others v. Canada, H. R. C. S. D. II, pp. 20-22 参照

⑤ 以上見てきたように、規約人件委員会は、「個人的に影響を被っている」という犠牲者要件をできるだけ拡大することにより、直接的な個人救済の方策を模索している。言い換えれば、上述の犠牲者概念の拡大に対する慎重な態度に加え、申立てられた侵害は特定の時における特定の個人に関係するものでなくてはならないと述べ(1)、抽象的ないわゆる国民訴権のごときものを認める方向へは進まないということを明示することにより、主権国家の抵抗に配慮を払いつつも、個人の人権の保護のためには、国家の枠を超えて直接介入して行くことが必要だという視点から、個人を直接その対象とする道を捜し求めているといえよう。

（1） Lovelace v. Canada, A/36/40, p. 166 ; J. H. v. Canada, A/40/40, p. 230 参照。

(3) ヨーロッパ人権条約

① 二五条によると、申立ては、「自然人、N. G. O. 又は個人の集団」によりなされ得る。そして、この

申立ての唯一の条件は、侵害の犠牲者つまり当該行為により個人的に影響を受けた者による、ということである。(1) つまりN. G. O.(2) も、もしそれ自体犠牲者であると看做され得るならば、申立てを行う権利がある。(3) 又、個人の集団も、集団の個々のメンバーを確認できるならば、申立てを行うことができる。(4) なお、申立てが代理人によりなされ得ることも言うまでもない。(5) 例えば、未成年者は通常親が代理するであろうし、(6) 又、N. G. O. も個人の代理人となることができる。(7) この点では、規約人権委員会におけると同じと言えよう。

しかし、純粋に仮設的な違反は受理されない。つまり、締約国によりなされた一般的性質をもつ行為（特に、立法措置とか行政行為）が、将来当該個人に影響を与えるかもしれないから条約と相反する、とするだけでは不充分である。個人の犠牲者は、締約国による申立て(8) と異なり、抽象的に法律の違反を訴えるなどといったいわゆる国民訴権は許されていないから、(9) 国内法の条約不適合を訴えるに加え、当該法律により個人的に影響を受けることを示さなくてはならない。(10) もっとも、この点については、後述の潜在的犠牲者のところで再考する。

なお、いかなる自然人も、国籍や居所を問わず、申立てが二五条に基づき委員会の権限を認めている本条約締約国に対するものである限り、申立てができる。(11) 又、行為能力の欠如は、自然人の申立権に影響を与えない。(12) 例えば、未成年者も心神喪失による無能力者も、一人で委員会へ申立てを行う権利を有している。(13)

以上、一言でいえば、二五条における「犠牲者」とは、特定の事件により現実に影響を受けた（affected）者をいう。(14) では、こうした犠牲者概念は、どこまで拡大し得るのであろうか。

(1)　但し、一七条より、本条約において認められる権利及び自由の破壊を目的とする活動に従事するものからならば、たとえ犠牲者からといえども申立ては受理されない。例えば、Appl. 250/57, Yearbook of the European Convention on Human Rights（以後Yearbook）1, pp. 224, 225 参照。

（2） このN. G. O. は、必ずしも法主体である必要はない（例えば、労働組合、教会、会社等から申立てがなされている。例えば、Appl. 10581/83, D. R. 44, p. 133 参照）。

（3） Appl. 10581/83, D. R. 44, p. 135 参照。

（4） Appl. 6538/74, D. R. 2, p. 25 参照。なお、二五条は抽象的な申立ては許さないから、すべての個々のメンバーが犠牲者であると主張できなくてはならない（Appl. 13013/87, D. R. 58, pp. 184,185 参照）。

（5） 人権委員会手続規則三二条一項。

（6） なお、離婚により親権を有さない親は、子供のために申立てを行う権利はないと解されている。そしてもしも、その親が子供を代理したいと望むならば、子供の同意のような何らかの、子供よりの代理をして欲しいという意思を証明するものを示さなくてはならない（Appl. 8045/77, D. R. 16, p. 106 参照）。

（7） Appl. 10983/84, D. R. 47, p. 229 参照。

（8） 二四条。

（9） Klass and Others, Judgment of 6, Sep., 1978, A. 28, para. 33 参照。

（10） 例えば、James and Others, Judgment of 21, Feb., 1986, A. 98, p. 9 参照。

（11） 例えば、国籍不明者よりの申立て。Appl. 7317/75, D. R. 6, p. 155 参照。

（12） Appl. 1527/62, Yearbook 5, p. 246 参照。

（13） 未成年者については、Appl. 8500/79, D. R. 18, p. 244. ; The Marckx Case, Judgment of 13, June, 1979, A. 31, p. 5 参照。

心神喪失による無能力については、Appl. 6870/75, D. R. 10, p. 38 ; Van Der Leer Case, Judgment of 21, Feb., 1990, A. 170, p. 8 参照。

(14) Appl. 11724/85, D. R. 64, p. 82 参照。

② まず、間接的犠牲者(indirect victim)について見て行くこととしよう。

人権委員会は、申立人自身が権利を直接侵害されたのではなくとも、他人に対する本条約違反に関し、直接の犠牲者が自分自身では申立てを行うことが不可能である場合において、(1) 間接的犠牲者が自分自身のために(犠牲者のためでなく)申立てを行う権利を認めている。(2) しかし、これは代理人として申立てる場合とは区別されなくてはならない。間接的犠牲者は、直接の犠牲者より授権されていないのであるから、規約人権委員会の認めている事実上の代理のように、他の手続により申立てる適切な権限があることを示さなくてはならない。そのためには、間接的犠牲者たる申立人は、犠牲者と看做され得る程の、本条約の侵害の直接の犠牲者と密接な関係を有していなくてはならない。言い換えれば、間接的犠牲者たる申立人は、侵害の直接的結果として、直接に何らかの影響を受けることを示さなくてはならない。(3)

具体的には、人権委員会は、間接的犠牲者と犠牲者と目される者との間に存在する関係に全力を注いで言及し、近親者又は他の第三者は、当該人権侵害が自らへの侵害ともなる限りにおいて、あるいは、その侵害を終わらせるに正当な個人的利害を有している限りにおいて、自ら進んで委員会へ事件を付託できるというように、判例法上間接的犠牲者概念を拡げ、こうした者よりの申立てを受理してきている。(4) もっとも、こうした場合圧倒的事例において、間接的犠牲者として申立てを行っている者は、正式な代理人ではないが自身では申立てを行う能力がない直接の犠牲者のために行っている、いわゆる事実上の代理人と言うべき者である。例えば、これが認められた事例は、ほとんどが、間接的犠牲者が直接の犠牲者と近親関係にある場合で

ある。(5)

なお今日では、間接的犠牲者の概念は、前述の規約人権委員会手続規則(6)により作り出された、第三者の介入のための手段と同じものへと変わりつつある。例えば、出産可能な年令の女性よりなされた、アイルランドの管轄外に存在する堕胎施設に関する情報の妊娠女性への提供を禁じた法律についての申立てにおいて、申立てた女性は、現実にこの法律による措置により直接に被害を受けるという危険を冒すこととなるのであり、抽象的に本条と法律の適合性を争うわけではないと、人権裁判所は判示している。(7)つまり、次に分析する潜在的犠牲者におけると同じく、ある措置が直接に向けられた人のみならずこうした措置により何からの影響を受けるであろう人も、申立てを行い得ると言うことによって、犠牲者概念を拡げている。もっとも、現時点においては、人権委員会や同裁判所がどこまで拡げるかについて、明確な予測はつけ難いが。

人権委員会は、直接の被害者と密接な関係を有さない第三者からなされる申立てを認めることには、規約人権委員会と若干異なりあまり熱心とはいえない。これは、潜在的犠牲者と共通していることだが、人権委員会は、間接的犠牲者概念を抽象的法律訴訟へと進展させること、つまりこれにより国民訴権を認める方向へ進むことを避けようとしていることによる、と思われる。(8)

（1） Appl. 155/56, Yearbook I, p. 163 参照。
（2） Appl. 282/57, Yearbook I, p. 166 参照。
（3） L. Clements, "European Human Rights" (1994), p. 22 参照。
（4） Appl. 100/55, Xv F. R. G.Yearbook I, pp. 162, 163 参照。

（5）　夫 Appl. 9360/81, D. R. 32, p. 213；父 Appl. 2758/66, Yearbook 12, pp. 174, 190；兄弟 Appl. 9360/81, D. R. 32, p. 214；まだ生まれていない子供 Appl. 8416/79, D. R. 19, p. 248 など。

（6）　九六条(b)

（7）　Open Door and Dublin Well Woman v. Ireland, Judgment of 29, Dct., 1992, A. 246, p. 22 参照。

（8）　T. Zwart, "The Admissibility of Human Rights Petitions" (1994), p. 83 参照。

③　次に、潜在的犠牲者 (potential victim) について見て行くこととしよう。

何度も述べたように、申立人は、抽象的な訴えとかもっぱら他人のみに関係する訴えを、委員会に行うことはできない。[1] 例えば、オーストリアの堕胎に関する法律は、国家の将来及び道徳的・法的基準に影響を与えるということを理由として、堕胎反対運動を行っている協会の男性会長よりの、将来の子供たちのために行動を起こすと宣言しての申立ては、受理されなかった。[2]

しかし、もしもある法律により他人と異なる影響を受けるということを証明し得れば、その法律自体の存在から、申立人は犠牲者であると主張することを正当化し得るとされる。[3] つまり、一定の条件下では、現実にある措置が自身に適用されたと主張するまでもなく、秘密の措置あるいは秘密の措置を採ることを許す法律の存在自体により引き起こされる侵害の犠牲者と、主張し得る。例えば、通っている学校に体罰の制度が存在することとか、[4] 盗聴や秘かに手紙等を検閲される危険性をはらんだ監視体制を設ける法律が存在することなどは、[5] この「一定の条件」を充たすと解されている。また、北アイルランドにおける同意した大人間の同性愛を禁じた法律の存在は、未だ実際に適用されたことはないとしても、同性愛者にとり直接に影響を受ける危険性があるとして、同性愛者を犠牲者と見倣した判決が出されている。[6]

つまり、これらから言えることは、人権委員会及び同裁判所は、損害の具体的発生はまだではあるが、権利の実質的侵害は発生していると解釈することにより、申立た者を救済しようとしていると言ってよかろう。もっともここでも、あくまでも何らかの侵害は発生していることを条件としている。もっとも、一般的にいって人権委員会及び同裁判所は、未だ何ら現実化していない潜在的な侵害にすぎぬものを考慮することには、慎重な態度をとっているが[7]、これは前述のように、抽象的な訴訟へと進展することを警戒するためと言ってよかろう。

(1) P. van Dijk & G. J. H. van Hoof, "Theory and Practice of the European Convention on Human Rights" (2nd ed. 1990), p. 39 参照。
(2) Appl. 7045/75, Xv Austria, D. R. 7, p. 88 参照。
(3) Appl. 11045/84, D. R. 42, pp. 255, 256 参照。
(4) The Kass Case, Judgment of 6, Sep., 1978, A. 28. pp. 17, 18 参照。
(5) App. 7511/76 and 7743/76, Report of 16, May, 1980, B. 42, pp. 42, 43 参照。なお、The Case of Campbell and Cosans, Judgment of 25, Feb., 1982, A. 48 参照。
(6) The Norris Case, Judgmant of 26, Oct., 1988, A. 142 参照。
(7) T. Zwart, "The Admissibility of Human Rights Petitions" (1994), p. 51 参照。

④ 法律や行政措置が、現時点では適用されていないが、近い将来適用されるという場合、個人は犠牲者として申立てを行えるか否か、つまり訴えに「将来の利益」を有する申立人いわゆる将来の犠牲者はどう扱

われているのであろうか。

国外追放又は犯罪人引渡しの場合においては、受け入れ国において三条（拷問又は非人道的な取扱い若しくは刑罰の禁止）に違反する措置の対象となると信ずるに足る重大な（serious）理由が存在する場合には、追放又は引渡し命令が現実に実行されるのを待つまでもなく、締約国がその決定を行うや否や、その命令が最終的である限りは申立人は二五条の申立権を有する、というのが確立した判例である。(1) そして、この場合、申立人が被るであろう違反の、取り消し不能な性質が、決定的要因とされている。(2) つまり、通常人権委員会も同裁判所も、条約の潜在的な侵害が存在すると申し渡すことはないが、申立人が、ある特定の決定が実施されると、引渡し請求国における予測可能な結果より三条違反が生ずると主張する場合、三条の保障条項としての実効性を確保するために、被るであろう危険性の重大かつ取り返しのつかない性質から、この原則から離れることが必要だと解されている。(3)

また、子供の教育に関する事例において、将来の侵害がかなり高い蓋然性をもって予測し得る場合について、あえて人権委員会が態度を保留しているものがみられる。例えば、子供を学ばせる学校を選択する権利としての親の教育権について、学校における教育措置により未就学児童の親の教育権の将来における侵害が、犠牲者の要件を充たすか否かについて、あえて判断を避けている。(4)

もっとも、体罰に関する事例においては、人権委員会は、子供たちが現実に体罰の対象となったことを必要とすると解することは、二五条を厳格に解釈し過ぎるとし、当該事実により直接影響を受ける危険を冒すということで十分である、としている。(5) ここでは、未だ現実には処罰を受けていない子供たちであれ、周囲における体罰の存在と体罰の彼等への潜在的使用のおそれにより、影響を及ぼされるであろうという理由により、犠牲者と看做したのである[6]（これは、前述の潜在的犠牲者と考えることもできよう）。

（1） Appl. 1802/62, Yearbook 6, p. 480；Appl. 11722/85, D. R. 51, p. 177 参照。
（2） Appls. 17550/90 and 17825/91, D. R. 70, p. 318 参照。
（3） こうした理由より、申立人の申立権を認めた事例として、The Soering Case, Judgment of 7, July, 1989, A. 161, p. 35.
（4） Appl. 6853/74, Mothers v. Suweden, Yearbook 20 (1977), p. 236.
（5） The Case of Campbell and Cosans, Report of 16, May, 1980, B. 42, p. 36 参照。
（6） B. 42, p. 36 以下参照

⑤　一般的に言って、将来の侵害が未だ少しも予測され得ない場合は、人権委員会は明確に不受理を宣言しているが、潜在的な侵害については、人権委員会も同裁判所も、判断に際し慎重な態度をとり、危害の発生が予測可能であるとか高い蓋然性が認められといった限定された条件の下においては、犠牲者の概念を拡げてきている。つまりここでもまた、犠牲者が特定できない場合において、国民訴権としての訴えを意図する場合を懸念していると言うことができよう。これは、申立人が、将来の子供一般のためにと宣言した事例において、国民訴権を意図していると指摘し、法律の抽象的な適法性を審査する権限は人権委員会にはない、としたことからも明かである[1]。

（1） Klass v. F. R. G., Judgment of 6 Sep. 1978, A. 28, pp. 17, 18 参照。

四 結び

現時点における国際法の解釈では、個人は既存の国際法主体により付与された時のみ、かつその範囲においてのみ、国際法主体性を有するとされる。そして、国際法主体としての存続もまた、その創設者の意思次第であると言わざるを得ない。つまり、個人はいわば派生的国際法主体であり、その存在は他の国際法主体の決定―公式には条約―から引き出されるのである。(1) なお、国際法主体としての権利や義務の範囲については、一定の前もって設定されたルールというものは何ら存在しないのであって、それは当該法主体のタイプ、そこでなされている主張、国際社会により採用された権能等次第となる。これの例外は、対等な権利と義務を有するものとして誕生した国家のみである。(2)

さて、人権について見て行くと、そもそもすべての個人の人権が、すべての国家により保護され得るということを示すものは、残念ながらどこにも存在しないと言わざるを得ないのであり、条約という形での人権に関する合意といえども、一般的にすべての国家にとり普遍的な法的利益というものを作り出しはしない。それはあくまでも、相互に推定される法的義務に基づき、合意した当事者のために、法的利益を作り出すだけである。そして、多くの国は、個人が自国の法システムの外において、いかなる権利を有することも又いかなる義務を負うことも、なかなか許したがらない。

しかるに、人権の最大の保護者は国家であるとはいえ、また国家自身が最大の侵害者であることも、歴史の教えるところである。その意味からも、真の人権保護のためには、個人をして国家と対等の関係におくことが、言い換えれば、個人が国際法主体として、人権の最大の侵害者たる国家と対等の立場にあることが、重要だと言えるのではなかろうか。また、そもそもは国家間の合意に由来するとはいえ、一定の状況下において個人が行使し得る国際法廷へのアクセス権などは、国家により譲り渡された任務を果すために個人に付与されたというものではなく、むしろ人間としての必要性及び相互の社会的義務に源を発するものと思われるから、(3) 個人を国際社会と直接結びつけ国際社会の直接の監視下に置くことは、むしろ保護者としての国家の責任と言えよう。

とはいえ、個人への法主体性の付与は、既存の法主体たる国家の意思次第であり、現実には、国家は、国際法廷への提訴といったような個人が国際社会へ直接アクセスする道は、あくまでも最小限度に留め置こうとする傾向が強い。

こうした現状において、国際法廷は、国家間により結ばれる条約により定立されるいわば限定された個人の権利を、国家主権の壁を乗り越えて、より一般的な権利へと普遍化しようと試みている。そしてその一つが、本稿で分析を試みた犠牲者概念の拡大である。国際法定は、人権の保護という目的のもとに、国家による授権の枠を超え個人をより直接の対象とすべく、国民訴権を認めるものと解される危険性に充分かつ慎重な配慮を払いつつ、独自の立場から国家の意図と異なる犠牲者の解釈を行っているのである。これは、個人の国際法主体性のもつ意義というものを、人権保障という見地から問い直すことともなろう。

(1) A. Cassese, "Individuals", in International Law : Achievement and Prospects, ed. by M. Bedjaoui (1991), p. 119 参照。

（2） M. N. Shaw, "International Law", (2nd ed. 1986), pp. 168, 169 参照。

（3） D. H. Ott, "Public International Law in the Modern World", (1987), p. 83 参照。

なお、本稿は掲載の他論文とは異なり、国際法学会一九九八年秋季大会において「人権保障と個人の国際法主体性」という題で行った報告を、再構成・加筆したものである。

SHINZANSHA
henshu@shinzansha. co. jp
order@shinzansha. co. jp
http:/www. shinzansha. co. jp

21世紀の人権

2000年（平成12年）4月30日　第1版第1刷発行

編　者　初　川　　満
発行者　今　井　　貴
発行所　信山社出版株式会社
〒113-0033　東京都文京区本郷6-2-9-102
電　話　03（3818）1019
FAX　03（3818）0344
Printed in Japan

印刷・製本／松澤印刷・大三製本
ISBN 4-7972-1895-9 C3332
1895 - 012 - 060 - 020
NDC 分類 323.001

信山社

ロザリンヒギンズ 著　初川　満 訳
ヒギンズ国際法　六、〇〇〇円
柳原正治 編　内田久司先生古稀記念論文集
国際社会の組織化と法　一四、〇〇〇円
広瀬善男 著
力の行使と国際法　一二、〇〇〇円
広瀬善男 著
国連の平和維持活動　三、〇一〇円
稲原泰平 著
宇宙開発の国際法構造　六、七七七円
中野　進 著
国際法上の自決権　四、八五四円
黒沢　満 編
新しい国際秩序を求めて　六、三一一円
広瀬善男 著
主権国家と新世界秩序　四、二〇〇円
広瀬善男 著
日本の安全保障と新国際秩序　四、二〇〇円
芹田健太郎 著
永住者の権利　三、六八九円
稲原泰平 著
国際法講義案Ⅰ　二、〇〇〇円
稲原泰平 著
国際法講義Ⅱ　二、〇〇〇円
初川　満 著
国際人権法概論　六、〇〇〇円

久保田　洋 著
入門国際人権法（訂正）　三、〇〇〇円
五十嵐二葉 著
テキスト国際刑事人権法総論　一、五〇〇円
五十嵐二葉 著
テキスト国際刑事人権法各論Ⅰ　二、九〇〇円
国際人権法学会 編
国際人権No.1（一九九〇年報）　二、〇〇〇円
国際人権No.2（一九九一年報）　二、〇〇〇円
国際人権No.3（一九九二年報）　二、〇〇〇円
国際人権No.5（一九九四年報）　二、〇〇〇円
国際人権No.6（一九九五年報）　二、〇〇〇円
国際人権No.7（一九九六年報）　二、〇〇〇円
国際人権No.8（一九九七年報）　二、五〇〇円
国際人権No.9（一九九八年報）　二、五〇〇円
ボガード E・R・C・著、栗林忠男 訳
国際宇宙法（上製）　一二、〇〇〇円
カール・シュミット著・ヘルムート・クヴァーリチュ編・新田邦夫 訳
攻撃戦争論　九、〇〇〇円
柳原正治 編著
不戦条約（上）
不戦条約（下）　各四三、〇〇〇円
国際私法学会 編
国際私法年報一九九九　二、八五七円